O SENTIDO DA VIDA NA EXPERIÊNCIA DE MORTE

Uma Visão Transpessoal em Psico-Oncologia

Rita de Cássia Macieira

O SENTIDO DA VIDA NA EXPERIÊNCIA DE MORTE

Uma Visão Transpessoal em Psico-Oncologia

3ª Edição: *2012*

Diretor Geral: *Ingo Bernd Güntert*

Editora-chefe: *Juliana de Villemor A. Güntert*

Gerente editorial: *Marcio Coelho*

Coordenadores Editoriais: *Lucas Torrisi Gomediano e Luciana Vaz Cameira*

Assistência Editorial: *Maria Fernanda Moraes*

Produção Editorial: *Casa de Ideias*

Capa: *Casa de Ideias*

Revisão: *Casa de Ideias*

Dados Internacionais de Catalogação na Publicação (CIP)
Angélica Ilacqua CRB-8/7057

Macieira, Rita de Cássia
O sentido da vida na experiência de morte : uma visão transpessoal em psico-oncologia / Rita de Cássia Macieira. – 3. ed. São Paulo : Casa do Psicólogo, 2012.

Bibliografia
ISBN 978-85-7396-202-4

1. Morte 2. Corpo 3. Cuidador 4. Amor 5. Cura I. Título

12-0048

Índices para catálogo sistemático:
1. Morte – aspectos psicológicos 155.937
2. Oncologia - aspectos psicológicos155.937

Impresso no Brasil
Printed in Brazil

As opiniões expressas neste livro, bem como seu conteúdo, são de responsabilidade de seus autores, não necessariamente correspondendo ao ponto de vista da editora.

Casapsi Livraria e Editora Ltda.
Rua Simão Álvares, 1020
Pinheiros • CEP 05417-020
São Paulo/SP – Brasil
Tel. Fax: (11) 3034-3600
www.casadopsicologo.com.br

Para meus filhos, fonte incessante de
amor, e para meu marido,
companheiro de jornada.

Dedico a J.E.B. (*in memoriam*) que,
na sua jornada em busca de si mesmo,
compartilhou comigo a riqueza de
seu coração, por um breve
instante de tempo.

Agradecimentos

Pessoas especiais existem, e o simples fato de conhecê-las ou estar com elas respirando no mesmo espaço, nos faz melhores. Mais ainda, quando estes seres iluminados, como o são os meus pais, tornam-se fonte de inspiração.

Tive a sorte de encontrar muitas assim, na minha jornada em busca de evolução. São muitos amigos e companheiros, que citá-los todos é uma tarefa impossível. Sou grata por tê-los tido.

No meu desenvolvimento como psicóloga clínica, algumas realçaram-se pelas suas contribuições:

Vera Saldanha Garcia, sem o seu estímulo e confiança, este livro não seria publicado. Sou grata pela sua forma amorosa de ser e de estar, amparando e assistindo sempre.

Maria Júlia M. Prieto Peres, por seu carinho, incentivo e valorização. Sua capacidade de doação e de trabalho e sua disponibilidade de ensinar são admiráveis.

Maria da Glória G. Gimenes, Maria Helena Pereira Bromberg, Maria Júlia Kovács, Maria Margarida M. J. de Carvalho e Vicente A. de Carvalho, que tenho a honra de chamar de amigos e partilhar momentos na Sociedade Brasileira de Psico-Oncologia.

Sou profundamente grata à sabedoria, à ajuda e aos conselhos de Maura Maluf e Maria das Graças de Souza.

Minha gratidão à equipe de coordenadores da Alubrat-SP (Associação Luso Brasileira de Transpessoal).

Meu carinho aos meus clientes, que tiveram a confiança em mim e que são sempre a maior motivação para meu aprimoramento profissional.

Por último e não menos importante, minhas amigas de jornadas de estudo e compartilhamento de dúvidas, agonias, alegrias e esperanças: Ana Paula Costa, Antonia A. Quarentei, Beatriz G. Pozuto, Carmelina M. Moreira, Luizete S. Camargo, Sandra M.F. Colaiori e Selenita L.A. Lüders. Dizer-lhes que eu agradeço é pouco para expressar o que está em meu coração.

Vocês existem e este é um presente do Absoluto.

Obrigada,

Rita

Sumário

Prefácio

Beleza, profundidade, competência e poesia nos vêm durante toda a trajetória da leitura desta obra de Rita de Cássia Macieira.

Traz à tona o conceito de morte não mais como uma barreira intransponível, negada. Mas sim como momento sagrado, único que é na vida de cada um de nós, tal como nascer.

Utiliza, em sua *práxis*, conceitos da Psicologia Transpessoal, que muito longe de ser um modismo superficial e passageiro, tem suas raízes já no início da psicologia como ciência.

Seus princípios fundamentais são referendados desde Willian James. Ele definia a Psicologia como "descrição e explanação sobre estados de consciência como tais" (1892, p.1) afirmando que a maioria das pessoas vive intelectual ou moralmente num círculo muito restrito do seu potencial de ser. Elas fazem uso de uma porção muito pequena das possibilidades de suas consciências... nós todos temos reservatórios de vida para evoluirmos com os quais sonhamos.

Neste livro, podemos observar que estas potencialidades estão presentes, mesmo que no momento derradeiro da morte física.

Com desenvoltura e clareza, estabelece significativas pontes entre o trabalho em Psico-Oncologia e Psicologia Transpessoal.

Maslow ao oficializar, em 1968, a Psicolgia Transpessoal acrescentou aos mecanismos psicanalíticos das defesas do ego, obstáculos interiores ao crescimento: o complexo de Jonas e a Dessacralização.

O complexo de Jonas refere-se a uma recusa em tentar realizar suas plenas potencialidades, evitando a responsabilidade que seria exigida com uma maior expansão.

A Dessacralização reporta-se ao empobrecimento da vida em seus múltiplos aspectos, deixar de ter um interesse profundo e sério pela existência banalizando por exemplo a sexualidade, os fatos da vida e a própria morte. O resgate do sagrado é condição indispensável para se trabalhar a morte. Este sagrado só pode ser percebido ao experienciar os diferentes níveis de realidade.

Rita de Cássia Macieira evidencia que este sagrado pode ser vivido de muitas maneiras, até mesmo, no encontro do silêncio que une, que antecede e atravessa a morte física. A presença silenciosa que não pode ser tocada. Somente experenciada, sentida!

André Malraux, em 1955, dizia: "nosso século, com a psicanálise, redescobriu os demônios no homem – a tarefa que nos aguarda agora é de redescobrir os deuses".

A psicologia profunda vem nos convidar através da abordagem transpessoal para ir através, entre e além de deuses e demônios, a sermos plenamente humanos, inteiros, presentes diante da complexidade de nossa existência.

A autora busca o resgate da humanização da vida na complexidade da morte, há que se pensar em como essa morte tem sido contemplada até hoje em nossa sociedade e nas instituições.

Ao redimensionar o conceito de morte sob a ótica transpessoal, traz uma dignidade necessária, e de direito ao ser humano, mostrando que seu trabalho com a morte gera qualidade de vida.

Suas reflexões trazem à tona a importância de se trabalhar com o tema da morte durante a própria vida, na saúde, na educação, não somente na iminência da morte.

Há de se olhar para a dor, tristeza, incompreensão, diante da perspectiva da morte; legitimar essa dor para se ir além da própria morte, da própria dor, resgatando o sentido da vida.

A psicologia transpessoal, ao legitimar na psique não só as pulsões da vida e morte, mas também na transcendência, permitiu a Rita evidenciar em sua *práxis* que o paciente vive a sombra, o limite, e paradoxalmente, se abre para o inusitado, o ilimitado, para a luz, em direção a si mesmo.

Essa perspectiva só é possível se o acompanhante, lado a lado, acolhe incondicionalmente o outro, não só de forma tecnista, mas de ser para ser; de essência para essência, quando se vai além da consciência usual, de vigília – necessária, mas insuficiente e limitada para a compreensão dos diversos níveis de consciência que abrigam diferentes e profundos sentimentos do ser humano.

O trabalho de Rita nos mostra, com estes momentos cruciais e derradeiros, que o ser pode ainda ter a chance de se acolher plenamente, em sua inteireza, sendo um guia claro e extramente útil para outros que trilham os caminhos da psico-oncologia.

Traz os passos desta jornada, através de um dos mistérios mais profundos da existência humana – a morte – e simultaneamente, nos encanta preenchendo-nos de vida e poesia.

Contribui não só aos que exercem a psico-oncologia, mas a todos que trabalham com seres humanos, revelando a presença do amor.

Através do amor reencontramos vida na morte. Reconquistamos a sacralidade de cada ato, de cada gesto, de cada etapa de nossa jornada, desde antes do nascimento, até a morte e mais além.

Nos lembra que o acolhimento incondicional do sagrado antes da morte valoriza a vida, desenvolvendo conscientemente a solidariedade, compaixão e cooperação, tão necessárias em nosso planeta. Aqui e agora, independentemente do estado e da condição que estamos, é que necessitamos contemplar a morte, para sabiamente colocarmos plenitude na existência atual.

Em uma cultura na qual a morte é negada, ou usada como crime e punição, os seres vivem ilusioriamente, se robotizam, perdem a dimensão da temporalidade e de sua real transcendência.

Hoje, o pensamento complexo e transdisciplinar vem nos alertar: temos a escolha de evoluir ou desaparecer. Nossa evolução é uma autotranscendência. Para Nicolescu Basarab, o "*homo sui transcendentalis*" está nascendo. Não é um "homem novo", mas um ser humano que nasce de novo, com uma potencialidade inscrita em seu próprio ser, com novas percepções dos diferentes níveis de realidade, novas perspectivas diante da vida, diante da própria morte!

É este desafio que nos é feito como leitor, a cada capítulo desta obra! É este desafio que a própria vida nos faz!

Não devemos ser ingênuos, dando credibilidade a tudo que se afirma ser parte da Psicologia Transpessoal, entretanto não podemos ser omissos ignorando um trabalho de vanguarda, que amplia a dimensão de nosso saber, e já vem desde alguns pioneiros como Willian James, Jung, C. Rogers, Moreno, Maslow, Assagioli, e mais recentemente Grof, Wilber, P. Weil, entre outros, pessoas que dedicam sua vida à investigação da mente humana, suas inquietações, angústias e conquistas, alcances e limites.

Seres que buscaram romper barreira, indo sempre além, buscando uma compreensão maior destas regiões, quase infinitas que representam a psique humana.

Assim, também a autora, com seriedade e clareza, evidencia uma Psicologia Científica, que ainda jovem, se revela cada vez mais promissora na saúde, na educação e nas organizações.

Nós, psicólogos, temos um compromisso com a saúde mental, não podemos e nem devemos nos fechar em séquitos excludentes. W. James, considerado um dos maiores pensadores e psicólogo mais notável da América do Norte, reconhecia que eram necessários diferentes modelos para investigar diferentes tipos de dados, e estava mais interessado na classificação dos resultados do que no desenvolvimento de uma única abordagem unificada, evidenciando que donos da verdade são prisioneiros da própria ignorância no contínuo avanço da ciência.

Da perspectiva de cada vez mais podermos ter uma abrangência maior do fenômeno humano, tão vasto e desconhecido ainda sob muitos aspectos.

Somente tendo uma mente aberta para o conhecimento – que não é só reducionista, nem só holista, mas complexo, transdisciplinar – é que integraremos o saber e o ser diante da vida e da morte.

Só assim poderemos estar com o outro, em uma atitude de escuta por inteiro, em sua verdade mais íntima, diante do momento que chegará a todos.

Obra necessária à compreensão além do cognitivo desta transição chamada morte e de tantas transições que vivemos durante a transição chamada vida.

Leitura obrigatória a todos que estão comprometidos com o cuidar do ser, comprometidos com a saúde mental, em seu espectro mais amplo, que atinge a experiência limite da natureza humana e oportuniza através de uma escola psicológica que legitima a dimensão espiritual da psique como inerente ao ser humano, trazendo a perspectiva do *Sentido da Vida na Experiência de Morte*.

Vera Saldanha

Apresentação

Qualquer tempo é tempo,
A hora mesmo da morte
É hora de nascer.
Nenhum tempo é tempo
Bastante para a ciência
De ver, rever
Tempo, contratempo
Anulam-se, mas o sonho
Resta, de viver.

C. Drummond de Andrade,
A Falta que Ama

Desde os tempos imemoriais, dois mistérios fascinam e desafiam o pensamento humano: o mistério do nascimento e o mistério da morte.

A Filosofia sempre buscou as respostas para as questões essenciais do homem: quem eu sou? de onde eu vim? para onde eu vou? A Psicologia, nascida desta, vem buscando também a resposta para o sentido da vida, qual é o propósito ou missão de vida e o que fazer para realizá-la.

Vitor Frankl diz que todas as neuroses podem ser vistas como uma falta de percepção de um sentido, de um significado para a vida do indivíduo. A partir daí, ele desenvolve um sistema psicoterápico chamado de Logoterapia, propondo que a busca do homem é a busca de um sentido, de um valor espiritual para a sua vida.

Embora a morte faça parte da vida e seja exatamente esta perspectiva o que dá um significado e ressignifique a própria vida, falar sobre o tema da morte sempre assustou o ser humano, inclusive os profissionais da área de saúde, por confrontá-los com a impotência humana e com a sua própria morte, impedindo-os de compartilharem e acompanharem seus pacientes nesta jornada que é o processo de morrer, delegando esta função aos religiosos, sem desvalorizar aqui o papel que também cabe a estes.

O presente trabalho tem a pretensão de mostrar o quão enriquecedor é este "estar junto", quanta vida há no fim da vida e como a Psicologia Transpessoal pode ajudar a díade Terapeuta-Paciente a vivenciar este processo.

Introdução

A morte pertence à vida,
como pertence o nascimento.
O caminhar tanto está em levantar o pé,
como em pousá-lo no chão.

Tagore, *Pássaros Errantes*

Quando o coração sofre pelo que perdeu,
o espírito ri pelo que achou.

Ditado Sufi

Hoje a Psicologia tem se ocupado mais com a questão da morte. É possível encontrar uma ampla bibliografia sobre o tema (*alguns livros são citados nas referências bibliográficas deste trabalho*). Mas até há pouco tempo não foi assim. A Psicologia, condizente com a cultura ocidental de medo da morte, estabelecido sob os paradigmas materialistas da Física Clássica (newtoniana e cartesiana), evitou tratar do assunto. No entanto, contemplar a morte, pensar sobre a sua própria morte, pode ser o caminho para começar um amplo processo de crescimento pessoal, além de tornar o indivíduo mais atento, mais acordado no seu presente.

Este mesmo distanciamento ocorreu em relação a tudo o que dizia respeito à dimensão espiritual, como se não fosse esta algo inerente à pessoa humana. O ser humano tem necessidade de reconhecer-se dentro do Universo, reencontrar a sua própria essência, uma explicação para sua existência e um sentido e valor espiritual para a sua vida.

A Psicologia Transpessoal vem preencher esta lacuna, mostrando que a dimensão espiritual não deve ser tratada apenas em termos teosóficos, filosóficos ou religiosos, mas que faz parte da psique humana, diz respeito aos valores que a transcendem.

A perspectiva de morte iminente traz à consciência as questões ligadas à espiritualidade, e a terapia mostra que, quanto mais os indivíduos reassumem seu poder sobre si mesmos, quanto mais retomam a própria vida e sua ligação com a dimensão divina, mais preparados se encontram para morrer. E. Kübler-Ross já havia notado que aqueles que viveram melhor a vida vivem melhor a morte, com menos medo e mais aceitação. Em outras palavras, quanto mais insatisfatória a vida, mais apego, mais preocupações com a morte.

Ao inserir a espiritualidade como uma dimensão humana, a Psicologia Transpessoal ajuda o indivíduo na sua busca espiritual, e quanto mais satisfatórias forem as respostas que ele vai desenvolvendo, mais tranquilamente ele enfrenta a morte.

Trabalhar com um paciente terminal exige do terapeuta uma certa maturidade para enfrentar sua própria impotência, suas limitações, falhas e sua própria mortalidade. É necessário que o terapeuta reexamine sua posição diante da morte e do morrer, para estar pronto e aberto para ouvir com tranquilidade, sem medo, para acolher o outro nas suas necessidades. Para o paciente, em geral, não é a morte propriamente que assusta, e sim o medo da solidão, o sentimento de desesperança, a dificuldade de comunicação com os familiares, deixar de ser uma pessoa com direito à voz e voto nas decisões que lhe dizem respeito.

É um paradoxo que quanto mais a ciência avança, melhorando as condições de vida, mas solitária, triste, impessoal e desumana tenha se tornado a morte. Neste momento, a prática médica tem valorizado novamente o nascer em meio à família, em um movimento saudável para receber o outro no palco da vida. A partir dos estudos de Leboyer, viu-se o quanto é importante para a mãe e para a criança ficarem juntas após o nascimento. Na grande maioria dos hospitais e maternidades já é possível o alojamento conjunto. Recentemente, em algumas maternidades de ponta, a parturiente fica com a família em seu quarto, que no momento do parto, rapidamente se transforma em um minicentro cirúrgico. Salvo casos mais complicados, com necessidade de cuidados específicos, é ali que o bebê nasce. Assim, a criança é recebida com a presença do pai e de familiares, sendo amparadas, ela e sua mãe, pelo amor do seu grupo de origem.

No entanto, se nascer para a vida é tão importante, o revés de um parto, que é a morte, também o é. Vida e morte são indissociáveis. São dois momentos de um mesmo ciclo universal e tanto mais valorizamos a vida, porque temos noção da sua finitude. E enfrentar o medo da morte, a própria, a do outro e as perdas inevitáveis e necessárias é o que resultará numa melhor qualidade de vida. Isto não impede a dor, mas traz uma atenção redobrada com a vida, transformando algo doloroso em enriquecimento e amadurecimento do ser humano.

Ainda assim, quando alguém está na fase final da vida, quando os recursos terapêuticos de cura são insuficientes, ele é levado à Unidade de Terapia Intensiva onde morre cercado de aparelhos, luzes e sons constantes, na solidão, quase sempre inconsciente, sem poder passar seus últimos momentos com aqueles que ama e o amam, passar a última mensagem, dar o último olhar de amor. Não se trata aqui de pregar a eutanásia ou o suicídio assistido pelo médico, mas de ajudar a pessoa a morrer com dignidade e autonomia. Trata-se de através dos braços que o amam, devolvê-lo aos braços da Mãe Terra, de volta ao Grande Mistério.

O terapeuta transpessoal, respaldado em seu próprio processo psicoterápico e em sua vivência do Absoluto, pode agregar também o conhecimento teórico e técnico, trabalhando com os aspectos transcendentais do Ser. Portanto, lidar com a morte, ajudar os que sofrem, que perderam ou perderão, os que estão morrendo, exige do profissional não apenas uma sólida formação teórica e técnica, mas principalmente uma preparação pessoal e interior. Como ser capaz de ajudar se ainda não ajudamos a nós mesmos? Como nos relacionamos com o outro e com a nossa própria morte? Sou genuinamente sensível à dor do outro? Sou capaz de ouvir, de ter uma postura respeitosa, ser humilde frente ao mistério, sem cair na pieguice? Procuro ser melhor a cada dia nos múltiplos aspectos de minha vida? Sou capaz de aceitar verdadeiramente o outro? Como me relaciono com a espiritualidade na minha prática terapêutica, sabendo que ela ainda é vista como um tabu para a maioria dos psicoterapeutas? Qual é a minha verdade?

O terapeuta transpessoal deve perceber-se como um ser biopsicossocial, espiritual e cósmico para também estar com o outro na mesma relação. Estar com o outro como dois viajantes. Encorajando, fortalecendo, amparando, dizendo com a sua voz e com a sua postura: "*vai ao encontro de ti mesmo, eu estou do seu lado*", como os Antigos Terapeutas de Alexandria, até o ponto do caminho onde o outro tem que seguir sozinho. Nesse momento de entrega, poder dizer a ele: "*vai, está tudo bem. Você fez o que tinha que fazer. Está tudo bem. Você estará bem*" porque a necessidade do homem é de ser amado, valorizado e da proximidade humana que o ajude a transcender.

Na Oração de Francisco de Assis é dito: "é morrendo que se nasce para a vida eterna". A Psicologia Transpessoal acredita que a morte é uma passagem, "uma transição de uma forma a outra acrescendo elementos de maior alcance na escala universal, mantendo a essência indivisível (...) a vida é uma sequência evolutiva na qual nascer, morrer e renascer fazem parte do processo. É eterna, ilimitada e inesgotável. A vida é uma fonte que jorra incessantemente nas suas mais diferentes manifestações" (SALDANHA, 1996).

O terapeuta transpessoal é aquele que ajuda o outro a "reencontrar a ordem e a harmonia universal", que crê que esta consciência-energia, que se manifesta de infinitas formas e expressões, não é apenas vida biológica. É aquele que se aproxima do outro, mesmo quando sabe que não pode satisfazer o seu mais profundo desejo – a cura física. É aquele que enxerga e acredita no outro, mesmo sabendo que o outro está morrendo e que sabe disto. Tem a coragem de amar e por isto sofrer a perda. Enlutar e sentir o vazio cheio de afeto quando o outro já não precisa daquele horário na sua agenda. Deixa o passado, livra-se do apego e ajuda a soltar o outro para prosseguir sua jornada transpessoal.

A MORTE COMO REVÉS DE UM PARTO

Não percebi o momento em que atravessei
o umbral e entrei nesta vida.
Qual foi o poder que me fez desabrochar
neste mistério imenso, como um botão de flor
que se abre na floresta em plena meia noite?
Quando pela manhã, eu olhei para a luz,
senti imediatamente que eu não era um
estranho neste mundo. Eu senti que o
Insondável, sem nome e sem forma, me
havia tomado em seus braços na forma de
minha própria mãe.
Agora também, na hora da minha
morte, o mesmo Desconhecido
aparecerá diante de mim como alguém
que eu sempre conheci. E porque eu
amo esta vida, sei que também vou
amar a morte.
O bebê chora quando a mãe o retira do
seio direito. Mas logo depois ele se consola
no seio esquerdo.

Tagore, *Gitanjali*

Empédocles (495?- 435? a.C.) dizia: "Do não existente nada pode nascer, e nada pode desaparecer no nada absoluto".

Na Física, o Princípio de Lavoisier enuncia: "Na natureza nada se cria, nada se perde, tudo se transforma". Onde está, então, o Sopro que há pouco animava esse corpo que ora vejo sem vida? Para onde foi essa energia? Onde estava essa alma antes de ser o Ser que eu conheci?

Os gregos antigos, embora não acreditassem, como os egípcios, que a vida continuasse até fisicamente após a morte, também não consideravam que a morte constituísse um fim absoluto. A vida terrena extinguia-se como um processo natural, mas continuava a existência anímica como um processo ultraterreno. O corpo não persistia, mas a alma e a sombra continuavam através da eternidade. Nos ritos fúnebres era costume jogarem farinha e mel sobre os túmulos para revigorarem as almas, alimentando-as assim também com a lembrança e o afeto dos vivos. Acreditavam que as almas passavam a habitar um reino comandado por Plutão, os Infernos, que nada tinha para eles da conotação cristã. Era um mundo que só os olhos da mente podiam ver, e ser experimentado através da fé, da imaginação e da filosofia.

Platão (428?-348? a.C.) citado por R. A. Moody, define a morte como a separação da parte incorpórea da pessoa viva, a alma, da parte física, o corpo. A alma assim liberta não está sujeita a limitações do tempo, que é um dos elementos do reino físico, sensível, mas move-se em reinos eternos, atemporais. Vê o corpo como uma prisão da alma e a morte como uma libertação. De acordo com Platão, a alma vem ao corpo físico proveniente de um reino superior e divino do Ser e no momento do nascimento, esta alma nascida no corpo regride de uma consciência maior para um estado bem menos consciente. Nesse meio tempo esquece a verdade que sabia no estado anterior, fora do corpo. Com a morte a alma desperta, e relembra esta verdade, pensa e raciocina mais facilmente, e reconhece as coisas na sua verdadeira natureza.

Neste sentido, por esta leitura de Platão, a morte pode ser vista como um revés de um parto ou o renascer para esse mundo superior. Todavia, Platão diz também que a linguagem humana é insuficiente para expressar a realidade última e embora ele acredite na sobrevivência depois da morte, diz que a nossa alma aprisionada pelo tempo-espaço e inexatidão dos sentidos físicos como visão, audição, paladar etc..., não consegue apreender o caráter verdadeiro do que está além do mundo físico.

Leloup (1998) diz que tanto o amor quanto a morte nos leva ao essencial e que o que vale para um também serve para o outro. Em seu livro *A Arte de Morrer* citando a tradição budista, diz "a morte não é o fim da vida, mas o fim de uma ilusão, a libertação do sofrimento, do encadeamento de causas e efeitos. É a razão pela qual a morte é um momento abençoado, o momento mais sagrado da existência porque é, finalmente, a ocasião de entrar em um espaço ilimitado. É o momento em que a Realidade é, por fim, revelada". Nesta tradição a morte é uma passagem, ocasião para o despertar. Apoia-se nas quatro verdades nobres, pronunciadas por Buda no Sermão de Benares. A primeira, Dukka, lembra-nos que tudo é impermanência. A segunda, Tanha, mostra que o apego é a causa de nossos sofrimentos. Na terceira, Nirvana, lembra-nos de uma realidade não criada, a clara-luz que é vista por todos no momento da morte. E a quarta, o caminho óctuplo da santidade, que é ajustar-se ao que é.

No Bardo Thodöl abrir-se para a clara-luz é abrir a consciência para a pura consciência sem dualidade. No momento da morte, segundo esta tradição, temos necessidade do feminino, de maternal ternura, assim como do masculino, do paternal que oriente e diga "vá, você pode". Leloup afirma que "somos também uma polaridade celeste e o momento em que nossa terra se dissolve, se decompõe, talvez seja o momento de abrir-nos para o amplexo do celeste em nós próprios, pouco importando que lhe demos o nome de Self, Completamente Outro, Clara-Luz ou uma Outra Consciência".

Então nesta tradição, a morte também é uma passagem como aquela que tivemos ao entrar na vida. É uma mudança para um estado de consciência diferente, enquanto que a medicina atual, ao priorizar apenas a luta pela vida, vê a morte como um fracasso, resultando daí a desumanização e a dessacralização da morte. Não a integrando à vida, dissimulando-a, escondendo-a nas UTIs, a medicina deixa de perceber que à semelhança de um parto, é uma das passagens da vida. O morrer é, "como uma tentativa de se dar completamente à luz antes de desaparecer" segundo Michel M´uzan citado por Leloup. Aquele que está morrendo, enquanto deixa uma porta aberta à esperança de uma cura repentina, trabalha interiormente, conscientemente ou não, realizando toda a transformação possível, buscando sua própria imortalidade na realização de suas últimas obras. O indivíduo, através de seus últimos gestos e atitudes, está completando sua biografia ou, no dizer de Roger Woolger, realizando os seus "trabalhos inacabados da alma" para enfim libertar-se, acreditando que será lembrado como alguém importante. Na verdade, está dando um significado, que lhe é valoroso, ao tempo que lhe resta; não existem acidentes na vida espiritual.

Ainda sobre o Bardo Thödol, segundo Kovács (1992), "os tibetanos dizem que não há ser humano que não tenha retornado da morte. De fato, todos nós morremos várias mortes antes de virmos para esta encarnação. Aquilo que chamamos de nascimento é apenas o lado inverso da morte. (...) O ser humano tem de passar pela experiência da morte antes que ele possa nascer espiritualmente. Simbolicamente falando, deve morrer para o seu passado e ego, antes que possa tomar o lugar na nova vida espiritual. Durante a vida tem de cultivar pensamentos e ações, preparar-se mentalmente para que esse processo possa influenciar no momento da morte e pós-morte. Fenômenos de nascimento e morte ocorrem várias vezes, pois sempre há algo que nasce e morre dentro de nós. (...) A morte é, portanto, apenas uma iniciação numa outra forma de vida além daquela cujo fim representa".

A mesma autora diz ainda que o livro ensina a identificação com o Eterno, com o Dharma, quando, então, os temores acerca da morte se dissipam; que o Bardo Thödol é um guia para os mortos e para os vivos, o qual só tem valor para quem o compreende e pratica seus ensinamentos durante a vida. De acordo com a visão budista, a vida é uma sucessão de estados de consciência, desde a Consciência do Nascimento até a Consciência da Morte. Kovács sugere a validade de uma reflexão e uma compreensão sobre esta tradição, para que se possa rever os postulados e conceitos ocidentais sobre a morte.

A Psicologia Transpessoal – por estar ligada ao estudo dos estados de consciência pelos quais o ser humano passa: sono, sonho, vigília ou estados que transcendem o ego como experiências de cume, experiências místicas, de consciência cósmica e outros – visa a vivência desta consciência unitiva que liga o homem ao Cosmos, a transformação e o renascimento do ser. Ao lidar com a morte, como sendo uma mudança de estado de consciência, antes restrito, o deixar de existir sob uma forma para tomar outra, a Psicologia Transpessoal auxilia diminuindo o grau de angústia e ansiedade, e propiciando uma melhor qualidade de vida, também para aquele que vive com a ameaça de morte iminente.

Epstein (1998), tratando da questão da morte no judaísmo, diz que ela foi instituída com a expulsão de Adão do Jardim do Éden e que no combate entre a vida e a morte, do ser e do não ser, o judaísmo manifesta sua descrença na persistência da morte e mantém que esta é um obstáculo temporário que pode e vai ser superado, retornando o homem ao estado paradisíaco e não perturbado do Éden. Na tradição judaica "nós somos feitos à imagem e semelhança de Deus, como nos é contado no início do livro Gênesis. Imagem de Deus significa que trazemos dentro de nós a semente de nos tornarmos imortais. Semelhança significa que nascemos com a virtude, moralidade e verdade de Deus" e há, segundo Epstein, sete chaves para a nossa cura espiritual, porque somos capazes de atrair tanto o bem quanto o mal para nós. São elas: limpeza, fé, perdão, dor, serenidade, reversão e sacrifício. Assim, mesmo o processo de morrer pode ser um tempo de cura, uma mudança no coração, o tempo da inteireza no qual o Ser pode estar curado nos níveis espiritual, mental e emocional, mesmo com a permanência dos sintomas físicos. Para Epstein focalizar demais o nível físico nos leva a ficar presos no resultado, como se a cura fosse determinada pelo resultado da experiência física. É possível curar-se espiritualmente sem recuperar a saúde. O terapeuta é aquele que ajuda o outro a se curar para a imortalidade, ou parir-se para a imortalidade.

A morte está sempre presente em toda a vida e de várias formas, como se fossem micromortes, sendo a morte física a última, ou como diz Montaigne: "a morte é apenas um instante quando o morrer termina". No momento mesmo do nascimento é necessário morrer para o útero materno e assim, a vida constitui-se de perdas de algo em prol de outros ganhos. Morre o neném para gerar a criança. Perde-se a criança para nascer o jovem. A este sucede o adulto e o velho. E isto quando não ocorre a perda de um emprego, da condição social, a morte da beleza, da sensação de onipotência, de um ideal de corpo perfeito e outras mais, como a morte de relações interpessoais. Todas estas perdas, que podem ser melhor conhecidas no livro de Judith Viorst – *Perdas Necessárias* –, mobilizam situações de luto.

Falando sobre o paciente oncológico, mas que pode ser generalizado para tantas outras doenças que não apenas o câncer, a doutora Maria Margarida Carvalho cita várias perdas que o paciente sofre:

perda da saúde – que acaba com a fantasia de imortalidade e indestrutibilidade; perda da identidade – do referencial de si, não ter controle sobre a própria vida; perda da autonomia – vive agora com limitações de horários, o tempo passa a ser medido pelo horário de remédios e tratamentos; perda do papel social – passa muitas vezes de provedor e cuidador para o papel daquele que precisa ser assistido, gerando frequentemente sensação de isolamento; perdas pelas mutilações – cirurgias podem curá-lo, mas levam pedaços da pessoa e causam o luto pela parte perdida. Estas perdas dão origem a pensamentos do tipo: "eu não sou mais eu mesmo", "onde está minha parte?", "não estou mais comigo mesmo", "onde ficou aquele meu eu?" E ainda, perda pela morte, quando não há mais possibilidades de cura. Os pacientes sabem que vão morrer e têm decisões a tomar, o que causa o luto antecipatório – pessoas queridas vão ser deixadas, sonhos e objetivos que não serão mais realizados.

Durante todo este processo, que se inicia no momento do diagnóstico de uma doença que pode ser fatal, o trabalho psicoterápico é de suma importância, para que o medo não engesse a vida que se tem a viver. Qualquer doença traz a ameaça psicológica, mais ainda se for uma doença associada a tantos mitos, preconceitos e inverdades como o câncer ou a Aids, por exemplo. Ao psicoterapeuta na Abordagem Transpessoal, cabe auxiliar o paciente na busca do sagrado, na conexão com o Divino, sendo ele mesmo, terapeuta, transparente, apoiando e orientando ativamente o paciente a perceber soluções dentro de si mesmo, encontrar o sentido da vida e da experiência, novos caminhos e sua verdade própria. Dentro do enfoque da Psicologia Transpessoal, a psicoterapia visa o restabelecer da unidade fundamental do homem com o cosmos e a transformação do Ser.

Para Vera Saldanha (1996) " o próprio desenvolvimento do ser humano, dentro de cada existência, é galgado através de mortes e renascimentos, ao iniciar-se pela morte da vida intrauterina para ganhar mais luz, mais espaço e novas experiências; a morte do aleitamento materno, para renascer novos sabores e ganhar alimentos diversificados; a morte da dependência simbiótica com a figura materna, para conquistar um mundo novo, através do engatinhar, andar e falar; na puberdade, a vida surgindo com todo o seu esplendor e fertilidade, mas deixando atrás de si um corpo infantil que se viu invadido por novas formas; a morte da bissexualidade (...) e assim sucessivamente. Renasce, a cada instante, um ser novo, mais capaz, mais forte e sábio, quando aceitou suas mortes anteriores".

Ainda segundo a mesma autora, assim como para E. Kübler-Ross, como será visto mais adiante, a morte, seja ela física ou emocional, é vivenciada através de etapas, "de não aceitação, sofrimento e cólera. Após a tentativa de ludibriarmo-nos, agarramo-nos a algo que nos pareça importante, fazemos tentativas de 'trocas' entre vida e morte, debatemo-nos e nos deprimimos ao constatar que algo se esvai, está se exaurindo irreversivelmente, mas só quando aceitamos, quando 'elaboramos' a morte, vivenciando-a com todas as suas nuances e sutilezas é que a magia se dá, pois a vida jorra incessantemente, brota, vem e invade o ser a cada instante, e só então percebemos toda a beleza (....) a vida em toda a sua plenitude" (Saldanha, apostila *Aspectos Transpessoais: Vida e Renascimento*).

O homem, dentro do enfoque da Psicologia Transpessoal, ao perceber-se sendo parte da unidade cósmica, sentindo a interdependência de todos os seres e coisas do Universo, rompe com o conceito de dualidade "eu e o outro", que favorece reações egoicas e obstrui sua evolução. As psicoterapias transpessoais visam atingir o renascimento, ajudando para que do homem velho, que agoniza e sofre, possa surgir o homem novo e sábio, na esperança que este novo homem possa transpor os limites do seu ego e alcançar a plenitude de Eu. Maslow chama este estado de "cognição do Ser", a abertura da percepção à verdade, quando o indivíduo sente a própria expansão interior livre e o milagre do seu Ser. Diz ainda que "é precisamente em relação ao que há de divino em nós que nos tornamos ambivalentes, ficamos fascinados e temerosos, somos motivados e nos defendemos. Este é um aspecto da dificuldade básica do homem, o de sermos simultaneamente vermes e deuses".

No Capítulo "Visões" de seu livro *Memórias, Sonhos e Reflexões* (1978), escrito ao fim da vida e autorizado a ser publicado apenas depois de sua morte, Jung, falecido em 1961, relata as vivências de inconsciência e as visões que teve após um ataque cardíaco ocorrido em 1944, e que trouxeram a ele a certeza de que o espírito perdura além da morte física. Depois destas experiências, Jung revisou seus escritos sobre *A Alma e a Morte* (1934) e *Comentários sobre o Livro Tibetano dos Mortos* (1935). Disse que para ele foi muito difícil retornar à vida depois de ter experienciado visões do além: belas, sublimes, plenas de paz e beatitude atemporal. Vivencia um encontro com um ser, um mestre hindu, numa relação de extrema confiança e satisfação. Sente que iria para um lugar de luz, onde reencontraria seu verdadeiro grupo. Recobra a consciência, mas passa aproximadamente três semanas sentindo depressão, exceto quando, à noite, ainda conseguia entrar em contato com estas visões de êxtase. Tem outra experiência semelhante ao morrer sua esposa na década de 50. Reencontra-a em um sonho em que se completam totalmente e se extasia.

Estas experiências foram tão marcantes na vida de Jung que, após tê-las vivido, produziu muito mais, com maior aceitação do Ser, buscando novas formas de expressão, sem julgamentos de valor. Percebia a vida como um fragmento da existência, em um plano tridimensional e dizia que para se chegar ao verdadeiro conhecimento e mistério, há que se livrar das projeções, desejos, exigências e juízos de valor. Embora passasse ainda por fases de decepção e depressão, sentia em si, graças à sua experiência de beatitude e atemporalidade, uma sensação de esperança e alegria.

Jung dedicou-se a estudos sobre alquimia e religiões, especialmente acerca do *Livro Tibetano dos Mortos* e *Livro dos Mortos do Antigo Egito*. Formulou teorias a respeito da natureza da psique, arquétipos, princípio da sincronicidade, processo de desenvolvimento através da individuação, sobre a integração e conjunção entre os opostos: subjetivo/objetivo, luz/sombra, consciência/inconsciência etc.

Para Jung a vida humana faz uma curva parabólica, que ele compara ao percurso do sol. Alvorecer, curva ascendente; meio dia, curva descendente; e ocaso, que corresponde à morte do dia, quando então, o sol passa a percorrer o outro lado da Terra, trazendo a vivência de noite. Durante a manhã humana, a infância, o ego vão se fortalecendo, abrindo canais de energia, estruturando-se, ampliando-se, embora vivencie a dinâmica dos conflitos entre os opostos: medo e desejo, força e fraqueza. As vivências dos opostos e dos conflitos são condições para a vida e desenvolvimento psíquico do potencial energético.

Ênfase muito grande é dada por Jung à metade da vida, que recebe o nome de *metanoia*, fase na qual a consciência diferenciada, afastada da escuridão e fortalecida, pode então, abrir-se para o outro lado, rever o valor criativo do inconsciente, encontrar novos referenciais, a volta para o self. O ego, que já vivenciou situações de morte e renascimento, passa a buscar desenvolver outros aspectos que ainda lhe faltam. A partir daí, é possível vivenciar um novo centro da personalidade, intermediário entre o ego e self. Jung, de forma bela, afirma que "a partir da metanoia só permanece vivo quem estiver disposto a morrer com vida". Nesta fase há grandes transformações. Na segunda metade da vida, a regulação psíquica flui através de maior permeabilidade do diálogo consciente/inconsciente, vivências criativas do sofrimento do "sacrifício do ego", com suas mortes e renascimentos.

Pode haver perigos e desvios também. Pelo medo pode-se ficar engessado na fase anterior, alienado neuroticamente do percurso natural da vida. Quando isto não se dá, a natureza que sabiamente conhece a morte, prepara-se para ela. No processo de individuação acontece a elaboração criativa desta situação, reconhecimento dos opostos, tomada de consciência dos aspectos relegados ou projetados e a experiência do todo.

A velhice ou o refletir sobre a morte leva, então, o indivíduo a ver a vida sob o prisma da eternidade, a realidade da psique. Para Jung a psique se constitui da mesma energia que o corpo, mas com intensidade e frequência de vibração mais elevadas, que podem superar a velocidade da luz. Uma parte da psique não se submete à ação redutora do cérebro, mas permanece independente de vida e morte, transcende tempo, espaço e ao núcleo do Eu e abrange desde o Eu desperto até o Eu sutil. Jung comenta ainda que nos sonhos com os mortos, estes estão sempre em busca de alguma informação.

Embora pareçam continuar seu desenvolvimento em algum nível, parece haver um saber que só pode ser apreendido nas condições de tridimensionalidade, há necessidade deste estágio na vida corpórea para a ampliação do nível de consciência.

Segundo a Psicologia Transpessoal (Saldanha, 1997), diferentes estados de consciência fazem parte da natureza da mente humana e a percepção da realidade depende do nível em que o indivíduo se encontra. Os quatro principais estados de consciência são:

- *Consciência de vigília:* é o estado em que nos encontramos quando acordados, trabalhando, estudando etc., no qual predominam as funções do ego, os cinco sentidos e a separatividade entre o eu e o mundo exterior.

- *Consciência de sono profundo:* neste estado, o cérebro emite ondas delta em média de 1 a 4 ciclos por segundo. Popularmente é o período de inconsciência, porém estudos sugerem que pode ocorrer um nível de superconsciência neste estado, em que a consciência retorna a ela mesma, o ego desaparece e o indivíduo é revitalizado.

- *Consciência de sonho:* Freud foi o primeiro estudioso da elaboração onírica. Os sonhos podem trazer conteúdos ligados ao inconsciente individual, ontogenéticos e até filogenéticos. A psicologia transpessoal pode trabalhar a vivência onírica de múltiplas formas: ampliação de sonhos, incubação, sonho lúcido, reconstrução onírica e também vivências fora do corpo.

- *Consciência cósmica ou plena consciência:* ocorre o desaparecimento da dimensão espaço-tempo, superação da dualidade sujeito-objeto, experiência energética de iluminação interior, vivência de amor indescritível, desaparecimento do medo da morte, vivência de eternidade etc. Estas vivências (tal qual Jung teve) trazem o despertar da verdadeira sabedoria, aumento da capacidade de amor e sentimentos de paz e serenidade. Em geral, indivíduos que passaram por estas experiências vivenciam mudanças posteriores em seu sistema de valores. É o estado de vivência de unidade, que pode também ser chamado de experiência de cume, transcendental, de êxtase ou experiência transpessoal.

Existem ainda dois estados intermediários de consciência para a Psicologia Transpessoal:

- *Consciência de devaneio:* situa-se entre o estado de consciência de vigília e o estado de sono, podendo ser alcançado através do relaxamento ou meditação; propicia a associação livre, o surgimento de ideias criativas e uma total receptividade e disponibilidade para o presente.

- *Consciência de despertar:* intermediário entre o estado de consciência individual de vigília e a consciência cósmica; equivale ao despertar da percepção mais ampla de sua própria existência, da essência de si mesmo. Promove a expansão do campo da consciência e a desidentificação das partes, pensamentos, emoções, papéis e corpo. Este estado pode ser alcançado através de exercícios de orientação transpessoal, relaxamento, meditação, concentração, ioga etc.

Desta forma, foi necessário que a Psicologia Transpessoal adotasse uma cartografia da consciência que fosse além da cartografia freudiana ou junguiana, que refletisse os amplos aspectos e níveis, e que visse a vida e a morte como estados diferentes de consciência, dentro da sequência evolutiva. Para isto, foi adotada a Cartografia da Consciência de Kenneth Ring (Anexo 1), que inclui regiões pessoais e regiões transpessoais da consciência. Tal cartografia traz dimensões muito além do inconsciente pessoal e a perspectiva de interação com outros níveis extracorporais, inclusive além da realidade tridimensional. Embora seja muito didática do ponto de vista do entendimento, na realidade não há delimitação rígida dos níveis de consciência, os mesmos podem se interpenetrar ou serem apreendidos em segundos, já que consciente e inconsciente são apenas dimensões de uma mesma e única realidade.

Em cada um dos estados de consciência, o indivíduo acessa conteúdos diferentes de suas próprias dimensões mentais. No trabalho terapêutico transpessoal é imprescindível a experiência em diferentes níveis e na expansão da consciência, para que a Ordem Mental Superior (vide Anexo 1) se manifeste, auxiliando na solução de conflitos e na transmutação e elaboração dos conteúdos. É quando a mente se torna receptiva ao nível supraconsciente. Isto é particularmente importante quando se trata de pacientes no processo de morte, pois traz a diminuição do medo, o acesso a um nível real além da realidade tridimensional e a sensação de imortalidade.

A ideia de morte e renascimento esteve presente em todas as épocas, desde as eras xamanísticas ao pensamento existencial moderno, passando pelos pensamentos *zen* e judaico-cristãos. Aos olhos dos poetas, tanto quanto dos sábios de todas as épocas, para se ver a realidade, é preciso morrer e renascer. O desejo do homem sempre foi incorporar a eternidade em si mesmo.

A explicação de Freud para isto é que, "o inconsciente não conhece a morte ou o tempo; nos seus recessos orgânicos fisioquímicos mais íntimos, o homem se sente imortal". No entanto, o conhecimento da morte e saber-se mortal e o medo de ficar sozinho cria um paradoxo, gerando ansiedade como reação ao desamparo, ao abandono e ao destino. Para Freud, "o temor da morte deve ser considerado como análogo ao temor da castração, e que a situação à qual o ego reage é o estado de ser esquecido ou abandonado pelo superego protetor – pelas forças do destino – que põe fim à segurança contra todos os perigos".

Para a Psicologia Transpessoal, o ego é um construto mental, ilusório, necessário para instrumentalizar a realidade da psique e operar na vida diária, mas que precisa morrer circunstancialmente para que o indivíduo entre em contato com o seu Ser essencial, em união com todo o cosmos. Assim, ultrapassando a barreira dos apegos e vicissitudes, vencendo o ego ilusório, é possível vivenciar a plenitude e a beatitude. Transcendendo o ego e redimensionando-o na sua importância relativa, reencontrando e sentindo sua própria natureza de luz e sabedoria, se abrindo para sua dimensão espiritual, o medo da morte se esvai, porque a vida ressurge atrás da morte, nutrida por uma fonte incansável. Morrer, nesta perspectiva, é como fazer a curva de um rio; é possível que não se veja o que está além da curva, mas com certeza o rio continua, como também se pode não enxergar a fonte, mas ela está lá e jorra incessantemente.

Enquanto para a psicanálise freudiana a dissolução e a morte do ego é ameaçadora, na abordagem transpessoal o ego pode morrer e renascer e o indivíduo manter sua essência, já que o ego não é limitado ao corpo físico e pode sobreviver à morte do corpo. Para a psicanálise o objetivo terapêutico é reforçar o ego, enquanto para a Psicologia Transpessoal o objetivo é adequar o ego, dando sentido à existência pessoal e cósmica, e estimular a vivência de unidade.

Existe uma diferença fundamental também entre Freud e um de seus maiores seguidores: Otto Rank.

Enquanto Freud parece ter menosprezado o aspecto de Ágape – a combinação natural da vida criada na "Criação com Amor" que a transcende – na natureza humana, o sentimento natural de dependência cósmica, o desejo de se sentir integrado a algo maior que lhe dê paz e valor transcendente, para Otto Rank o homem é um ser "teológico", não apenas biológico. Diz que "a necessidade de uma ideologia verdadeiramente religiosa (...) é inerente à natureza humana, e sua satisfação é básica para qualquer tipo de vida social". Para ele, a mais alta idealização humana representa a realização da expansão amorosa de Ágape, a realização do indivíduo realmente criativo. Neste caso, o homem tem que olhar acima do "tu", do "outro", do sexo e da religião enquanto crença estabelecida.

Segundo Rank "a ânsia pela imortalidade não é um simples reflexo da angústia de morte, mas um estender de braços, por todo o ser, em direção à vida". Entendia que a ideia de Deus não representava tudo o que havia de imaturo e egoísta no homem, seu medo e desamparo e a busca de proteção como acreditava Freud, mas sim, que é uma autêntica aspiração de vida, uma tentativa de alcançar uma plenitude de significados. É inerente à própria força vital que parece se estender naturalmente além da própria terra, um dos mistérios sublimes da vida. Psicologicamente representa a ânsia de individuação e de desenvolver a singularidade do indivíduo, seu próprio potencial criativo e sua biografia.

O momento da morte pode ser um instante elevado, e vivido intensamente, como uma passagem ou uma porta aberta para o desconhecido, na qual aquele que morre pode ter uma consciência da transcendência. O papel do terapeuta é ajudar nesta passagem, tocando, olhando o outro, reconhecendo-o como sagrado, com uma dimensão e profundidade além do que pode ser apreendido; para além do indivíduo, a própria essência do ser.

J.Y. Leloup diz que "se pretendemos verdadeiramente ajudá-la (a pessoa) a superar esse primeiro sofrimento evidente, para que ela sinta que mais além existe uma permanência de sua identidade, que sua essência própria encontra-se aí, devemos antes de tudo, reconhecer essa transcendência no âmago de sua humanidade". Dar a confirmação afetiva do outro, reconhecimento da sua dimensão essencial. É estar com o outro, acolhendo-o. "Quando tocamos em alguém dessa maneira, a pessoa sente que é acolhida em todo o seu ser e, seja qual for a sua deterioração física, ela tem imediatamente uma percepção de sua unidade".

Com o último ato de amor, a permissão para morrer – restituindo ao outro sua liberdade e destino –, o terapeuta transpessoal pode ajudá-lo a se reconduzir "para esse lugar de si próprio maior que ele mesmo, mais capaz de amar, mais capaz de perdoar que ele mesmo (...) O amor exclui o temor e, se nascemos para aprender a amar, até mesmo nos últimos instantes, não é tarde demais". "Se o teu coração te condena, se tua consciência te condena, se teu sofrimento te condena, se teu diagnóstico te condena, existe dentro de ti algo maior do que tu, mais amante do que tu, existe dentro de ti uma realidade que te perdoa". Na tradição espiritual, a primeira epístola de São João diz: "se teu coração te condena, Deus é maior do que o teu coração"; isto dito, liberta o outro do medo que confina e do sentimento de culpa e, leva-o ao "encontro de um amor mais forte do que a morte".

Também para Leloup, o indivíduo não teme a morte, mas a passagem para o desconhecido, para o mistério. Lembrando que a palavra mistério vem do grego *mystes* que significa mudo ou silêncio, é possível pensar que o indivíduo teme o silêncio, o vazio e o esquecimento. Mas o indivíduo já soube fazer uma passagem fundamental – soube nascer. "Devemos ter confiança no que dentro de nós sabe transformar-se em passagens e sabe vivê-las. Talvez possamos sentir igualmente que tendo sido acolhidos no nascimento, poderemos sê-lo também no momento da morte". "Existe algo de imperceptível dentro de nós, do qual nos vem a vida e para onde retorna a vida e nós somos chamados a fazer esta experiência."

Para este autor, tanto no momento do nascimento, quanto no instante da morte, temos necessidade de dois elementos essenciais – o elemento feminino, que acolhe, consola, reconforta e envolve; e o elemento masculino, uma palavra profética que abra caminho para o desconhecido, que diga: "*vai, torne-se o que você é*". A vida, para ele, é um exercício evolutivo – "um momento transitório para tomarmos consciência do eterno em nós"– às vezes difícil, outras agradável, mas não se nasce para morrer, e sim, para abrir-se ao que não morre. Este exercício evolutivo é transmissível espiritualmente através da palavra masculina e por experiências intuitivas e contemplativas femininas.

No momento da morte, o amor verdadeiro, o que liberta e que cria uma relação de humanismo verdadeiro, diz ao outro: "vai ao encontro de ti mesmo (não posso ir em teu lugar...), mas estou contigo (completamente impotente, mas presente)" (Leloup, 1999).

Tanto nos estudos de R. Moody Jr. sobre OBE (*out of body experiences*), quanto nas citações de E. Kübler-Ross, pessoas consideradas clinicamente mortas, com EEG plano, que retornaram posteriormente à vida do corpo físico, relatam se sentirem vivas, conscientes, livres, independentes do corpo físico e até das enfermidades que este possuía durante esta experiência. Isto faz supor que exista uma vida fora do corpo, como informação, energia ou espírito.

Segundo Leloup, "numa visão vertical dos espíritos, podemos situá--los no mundo intermediário e alguns deles se situarão neste lugar que podemos chamar de 'baixo astral', muito próximos ao mundo espaço-temporal em que vivemos (...).Por isto na tradição antiga não se chama os mortos, mas se incita a que eles caminhem para a luz. Trazê-los ao nosso espaço-tempo é não amá-los, é impedir seu caminho para a pura luz.(...) Algumas pessoas não têm noção de que realmente morreram e continuam apegadas aos lugares que conheceram anteriormente. É importante que lhes repassemos a mensagem do Bardo Thödol: 'Aceite o fato de estar morto. Isto faz parte do caminho do devir do ser humano. Não procure voltar. Vá, vá mais longe. Vá para a luz.'"

O papel de terapeuta, para Leloup, num sentido mais amplo pode ser o de um "pontífice", isto é, aquele que faz a "ponte entre as duas margens": a margem espaço-temporal e essa outra margem, essa consciência outra, esse estado de liberdade não nascida, não feita, não imaginada.

Pierre Weil, presidente da Fundação Cidade da Paz e reitor da Universidade Holística Internacional de Brasília (Unipaz), é psicoterapeuta transpessoal e autor de mais de trinta livros. É também outro estudioso da questão da morte e da continuidade ou não da existência após a morte do corpo físico. Segundo ele, estudos mais rigorosos e sistemáticos datam do começo do século XX, realizados inclusive pela Sociedade de Pesquisas Psíquicas de Londres, da qual faziam parte William James, Henri Bérgson, Sigmund Freud e outros. Em seu livro A *Morte da Morte* (1995), examina três teses básicas e seus respectivos postulados que são: morte definitiva, sobrevida parcial e sobrevida total.

Na tese da *morte definitiva*, tudo tem um princípio e um fim na natureza, a vida começa no nascimento e termina com a morte física, assim como a evolução e o aprendizado. A vida emocional, mental e espiritual é intrinsecamente ligada ao corpo; a visão de mundo depende dos cinco sentidos e a vida individual é independente da vida do universo. A tese da *sobrevida parcial*, diferentemente desta primeira, aceita que na natureza tudo se transforma; sobrevivemos em nossos filhos e uma parte do aprendizado se transmite a eles e a outras pessoas. Na tese de *sobrevida total*, a energia que compõe a natureza é eterna e existem sistemas energéticos inacessíveis aos cinco sentidos, que podem ser percebidos por outras funções. A vida existe antes do nascimento, continua após a morte do corpo físico, assim como a evolução e o aprendizado. A vida mental, emocional e espiritual forma um sistema que se destaca do corpo na hora da morte, assim como em algumas experiências de saída do corpo (ESC). A vida do indivíduo é completamente interligada à vida cósmica, faz parte de um todo integral e dinâmico.

No caso da sobrevida parcial, a regressão de memória a supostas vidas passadas poderia ser justificada, além de outros sistemas explicativos, através da memória genética.

Dentro da tese de sobrevida total, considerando que o corpo físico se decompõe, existiria então um sistema vital, emocional e mental, que se "destaca" do corpo na hora da morte. Weil aborda três hipóteses a serem pesquisadas de como este "destacar" ocorreria:

1. **Sistemas extracerebrais da energia psíquica:** "Os sistemas energéticos de programas e aprendizagens intelectuais, emocionais e vitais são de natureza extracorporal, mais especificamente, extracerebrais". Sendo de natureza extracerebral, a consciência e seus subsistemas energéticos como os vitais, emocionais, mnésicos e lógicos estão ligados ao corpo durante a vida física e se destacam na hora da morte. Neste caso, não há morte absoluta, uma vez que a energia que se destaca não se perde, continua o movimento ininterrupto de potencialização e atualização.

Weil cita vários estudos que corroboram esta hipótese da existência de sistemas extracerebrais: a teoria holográfica do cérebro, de Karl Pribam, na qual o cérebro é um vasto holograma, em que a parte reproduz o todo; a memória extracerebral nas experiências de regressão pré e intrauterina, na qual os limites da regressão são a consciência cósmica ou a realização da grande vacuidade; as experiências de saída do corpo físico (OBE); e os trabalhos de pesquisa de S. Grof.

2. **A morte como transformação do estado de consciência:** "Aquilo que nós chamamos morte corresponde a uma mudança de estado de consciência, idêntica àquelas observadas nas experiências ditas 'saída do corpo'. As experiências de saída do corpo ocorrem não apenas em pacientes terminais ou reanimados, mas também durante relaxamento profundo, prática de meditação, regressão, psicose, sob efeito de drogas ou ainda em casos fortuitos. Qualquer que seja o caso, os fenômenos característicos são os mesmos: sensação de saída, visão exterior do corpo físico, sensação de voar e retorno ao corpo físico. São também encontradas características típicas da consciência cósmica, tais como: visão de luz, apreensão instantânea da experiência, transcendência do espaço-tempo, inefabilidade, perda do medo da morte e encontro e comunicação com seres imateriais. São características que estiveram presentes na experiência de Jung anteriormente citada, quando de seu problema cardíaco, e em muitas outras descritas por vários autores.

Neste caso, a morte é vista como uma passagem de um estado de consciência para outro estado, como acontece com os sonhos, na superconsciência e outros.

3. **A morte como passagem da consciência de um sistema energético a outro:** "A mudança de estado de consciência na morte consiste na saída da consciência do corpo físico e sua permanência em outro sistema". Nesta visão, não existe inconsciência. A consciência está sempre presente. A morte é vista como uma metamorfose, uma transformação, uma passagem para outro sistema energético. Se houver apego ou ligações de causa e efeito, a consciência continua identificada com a vivência anterior, permanecerá, portanto, prisioneira da própria identificação. Caso contrário, liberta do corpo físico, a consciência estará preparada para saber como agir e escolher seu destino, talvez até voltar a

outro corpo físico ou dependendo do seu grau de evolução e desapego, alcançar o estado de consciência cósmica.

Assim, para Pierre Weil, está a *morte morta*, uma vez que toda morte é uma transformação de energia. O que se separa do corpo na hora da morte ou nas ESC (experiência de saída do corpo) é um sistema de energia sutil (vital, emocional e intelectual). A consciência está sempre presente, em um estado ou outro, já que sua natureza essencial é cósmica. "O que nós chamamos de consciência individual é apenas uma parte da consciência cósmica que se isola, e provisoriamente 'se esquece', diante da mudança extremamente complexa de assumir a direção das transformações energéticas do corpo físico por meio do sistema energético, ou 'corpo' sutil, assegurando à sua conservação o tempo necessário à elaboração desta transformação de energias densas em energias mais refinadas, exercendo talvez a função de emissor-receptor de uma informática indispensável à manutenção da ecologia cósmica. Este esquecimento protetor e provisório caracteriza o que nos chamamos de Estado de Consciência de Vigília."

Interessante notar a semelhança entre a visão da consciência individual como parte da consciência cósmica de Weil, com a visão de Platão acerca da alma e sua "descida" do mundo espiritual, que é superior, para o mundo da matéria. Ambos falam ainda da questão do esquecimento que acompanha a alma ou espírito, durante o estado de vigília.

Com certeza, um dos mais belos e importantes trabalhos sobre a morte e o processo de morrer foi idealizado e concretizado pela doutora Elisabeth Kübler-Ross (1998). Driblando a resistência do meio hospitalar e acadêmico, ela começou a realizar seminários para "apresentar" os pacientes reais aos estudantes de teologia e de medicina e à equipe hospitalar. Quem são, o que estão vivenciando, quais as suas queixas, expectativas e desejos, o que eles querem obter das suas famílias e daqueles que cuidam deles; eram as perguntas mais frequentemente feitas a estes pacientes.

Para E. Kübler-Ross, quando um paciente está gravemente doente, tem direito a receber de seu médico um diagnóstico real, transmitido de forma acolhedora, deixando sempre esperanças quanto ao uso de novos medicamentos, tratamentos, técnicas e pesquisas. Deve ser cientificado da gravidade do seu quadro clínico e do prognóstico. Pode ser encorajado a enfrentar esta batalha, na qual ele não estará sozinho, mas contará com o seu médico, equipe e sua família, apoiando-o nos procedimentos que serão necessários. Quanto ao tempo de vida, pode e deve ser dito que isto ninguém sabe, já que terminalidade é um conceito relativo e inexato. O que o paciente deseja é a afirmação de que não estará só e que há sempre uma esperança.

Segundo essa autora, o paciente passa por cinco estágios, nem sempre sequenciais, às vezes de forma concomitante, que são: *negação e isolamento*, *raiva*, *barganha*, *depressão e aceitação*, sendo que algumas pessoas não chegam verdadeiramente ao estágio de aceitação, morrendo ainda revoltadas.

O primeiro estágio, da *negação* e do *isolamento*, costuma acontecer como um estado de choque, assim que a pessoa recebe o diagnóstico de uma doença grave. Como em nossos inconscientes somos imortais, a primeira defesa temporária a que se lança mão é representada pelos pensamentos do tipo: "não é verdade; houve um engano; não pode ser comigo etc." O isolamento, em geral, só aparece mais tarde, quando o paciente pode então falar da doença e sobre a perspectiva de morte. A necessidade da negação ou da negação parcial ocorre em quase todos os pacientes e pode ir e voltar, permeando todo o tratamento, sendo muitas vezes importante para que possam continuar a lutar pela saúde e pela vida. Um terapeuta que tenha lidado com os seus próprios medos da morte pode auxiliar o paciente a vencer a ansiedade e o medo, a reencontrar o equilíbrio perdido e o ânimo para prosseguir.

Quando não é mais possível continuar negando as evidências da doença, o paciente pode então entrar em um estágio em que os sentimentos mais presentes são *raiva*, revolta, ressentimento e inveja, expressos no pensamento e na frase: "Por que comigo? Por que eu?" Esta raiva pode se propagar em todas as direções, projetando-se contra o ambiente, familiares, equipe de saúde, Deus ou contra si mesmo. Nesta fase, podem reagir com choro, desespero, pesar, culpa ou humilhação. Reclamam atenção, se queixam, tornam-se difíceis. Para E. Kübler-Ross esta defesa é como um último brado: "Não se esqueçam que estou vivo. Vocês podem ouvir a minha voz, ainda não estou morto!" O segredo aqui é poder se colocar um instante no lugar do paciente, ouvir com o coração. Não ficaríamos nós também com raiva, frustrados se as nossas atividades, sonhos e construções fossem interrompidas? E se nos sentíssemos assustados, acuados, invadidos nos nossos desejos?

A melhor forma para o psicoterapeuta transpessoal ajudar o paciente neste estágio é a partir de uma compreensão profunda dos sentimentos, em si mesmo, provocados pelas atitudes do paciente, abrir-se para ele. Entender, acolher a raiva como legítima manifestação e facilitar sua expressão, o que traz alívio ao paciente. O psicoterapeuta transpessoal pode ver na raiva uma energia maravilhosa a ser transformada. O que o paciente deseja é continuar a se sentir gente, com senso de dignidade, com possibilidades, ter algo que o faça sentir-se parte da vida e principalmente encontrar um sentido.

Dentro da abordagem da Psicologia Transpessoal, neste estágio pode-se usar a técnica no nível interativo, trabalhando no eixo experiencial, com a ampliação do r.e.i.s. (razão, emoção, intuição e sensação) para que a Ordem Mental Superior se manifeste, trazendo então, o sentido da experiência. Esta energia, a raiva, pode ser, daí em diante, transmutada e transformada. O nível do supraconsciente emerge, trazendo *insights* e criando condições para que a elaboração se dê. É, dentro da Psicologia Transpessoal, a presença do eixo evolutivo, que trará, então, a etapa seguinte, a integração. Nesta nova etapa, o indivíduo sente-se mais seguro e confiante, com novas percepções, crenças e valores, programando novas metas a alcançar. Para LeShan (1992), é quando o indivíduo *reencontra sua própria canção* descobre novamente a esperança de ter uma vida que lhe ofereça uma satisfação real e profunda, uma "sólida razão de ser, o tipo de significado que nos deixa felizes de sair da cama pela manhã e contentes de ir para a cama à noite – o tipo de vida que nos faz aguardar com entusiasmo cada novo dia e o futuro".

Para Kübler-Ross, se no primeiro momento o paciente defensivamente nega-se a encarar a realidade da doença e a possibilidade de morte, passando depois para a raiva e revolta, no terceiro estágio, o da *barganha*, tenta uma troca, um acordo que adie o inevitável. Este momento é o menos conhecido, porque geralmente é mantido em segredo, interiormente. É uma tentativa de negociar com o destino ou com Deus e de ser recompensado. Implicitamente, parece incluir a promessa de que não haverá novos pedidos caso esta barganha seja aceita. Usa-se o mesmo expediente que a criança que espera um presente pelo bom comportamento. O que deseja o paciente? A cura física, lógico; ou ainda um prolongamento da vida, ou alguns dias sem dor, sem desconforto. Psicologicamente, as promessas podem estar ligadas a um núcleo de culpa e a doença representa o castigo. O papel do terapeuta é trabalhar para trazer o alívio de culpas excessivas e temores irracionais ou desejos de autopunição, entendendo que a tentativa de pactos é uma forma de enfrentamento possível, embora mágico, frente ao medo da aniquilação e da perspectiva de morte próxima.

O quarto estágio pelo qual passa o paciente é a *depressão*, que pode acontecer frente a novos sintomas, uma cirurgia, ou uma recidiva. Kübler-Ross identifica dois tipos de depressão presentes: reativa, diz respeito a perdas passadas e presentes, e preparatória, ligada a perdas futuras dos objetos amados e que serve como facilitadora do estágio de aceitação. E é muito importante diferenciar uma da outra: se é uma depressão momentânea frente à doença ou um luto antecipatório de todos os objetos amados, e tirá-lo do processo infiltrando ânimo e coragem pode perturbar o seu desenvolvimento.

Se no primeiro estágio, o paciente pode usar o mecanismo de defesa do ego de isolamento das emoções causadas pela doença, neste ele pode isolar-se em uma profunda e intensa solidão. É um momento muito difícil para os parentes e amigos, que tentam reanimá-lo, trazê-lo de volta à vida e muitas vezes, impedem-no de expressar seus temores. O próprio terapeuta pode se ver frente a sentimentos de impotência e com pensamentos do tipo "não há nada que eu possa fazer, não há como ajudar". Este tipo de depressão preparatória é, no entanto, benéfica e necessária, para que o paciente terminal possa, então, entrar no estágio de aceitação e paz.

Nesta fase, o psicoterapeuta transpessoal deve, com a sua postura, autorizá-lo a expressar o seu pesar. Há pouca ou nenhuma necessidade de palavras. Mas há a necessidade imensa de sentimentos, que podem ser expressos em um toque, um olhar, um carinho ou em, simplesmente, ficar ao lado, dando suporte à sua dor, respirando junto, de coração aberto para coração que está vivenciando. No dizer de Leloup (1999), "trata-se de escutar alguém com as próprias entranhas, recebê-lo e transportá-lo no ventre", sem ser náufrago das próprias emoções, distanciando-se interiormente dos próprios afetos, sem se distanciar do outro. "Se nos aproximarmos desta pessoa, se olharmos para ela, se tocarmos nela com essa consciência do que ela é, nossa abordagem, nossos gestos, nossos olhares hão de impregnar-se dessa qualidade de confirmação afetiva, de confirmação do outro. É pela nossa maneira de ser que podemos fazer alguém sentir que ele é mais do que aquilo que nos mostra."

A morte pode ocorrer em qualquer destes estágios. Mas se houver tempo e ajuda para superá-los, o paciente pode chegar a um estágio de *aceitação*, de entrega e paz. Normalmente, o paciente está mais fraco, sente mais a necessidade lenta e gradual de repouso, de cochilar, *como um recém-nascido, mas em sentido inverso*. É como se a dor tivesse esmaecido, como se fosse o "repouso derradeiro antes da longa viagem". É o momento da presença silenciosa. Segundo Kübler-Ross, "para quem não se perturba diante de quem está prestes a morrer, estes momentos de silêncio podem encerrar as comunicações mais significativas", nos quais somos lançados no coração do outro, numa comunhão prodigiosa. A presença do terapeuta pode trazer a garantia de que ele não está só e de que não será esquecido quando nada mais puder ser feito por ele. Ainda aqui, não devemos subestimar a capacidade do indivíduo de manter uma tênue esperança de cura diante da morte iminente, uma vez que está na natureza humana manter uma porta aberta para uma esperança qualquer. Como o inconsciente é incapaz de representar a própria morte, como diz Freud, é como se houvesse uma ruptura no ego, representada por dois pensamentos antagônicos: "sei que estou morrendo" e "a morte não existe". Assim, é possível observar pessoas que, no limiar da morte, enquanto fazem seus últimos preparativos, manifestam seus últimos desejos, vão fechando seus assuntos inacabados, ao mesmo tempo, ainda manifestam esperanças em um novo achado de laboratório, em novas drogas ou soros, ou ainda em um milagre de Deus. A esperança poderia ser vista como um sexto estágio, que permeia todo o tratamento e que deve ser mantida sempre.

O trabalho do psicoterapeuta não é desvendar, esclarecer o que está por trás de toda atitude, sentimento, pensamento ou comportamento do paciente, mas o de ser sempre um facilitador para que o próprio paciente encontre os caminhos possíveis. Atua apoiando, incentivando, minimizando tensões e conflitos, ouvindo, e principalmente estando realmente com o paciente na busca de seu caminho transpessoal.

Durante todo este processo, o paciente passa por um trabalho intenso internamente. Aqueles que puderam negar até criarem suporte para começar a enfrentar o problema, que foram encorajados a extravasar suas raivas, que tentaram negociar, puderam chorar suas dores emocionais no luto antecipatório, ou no dizer de E. Kübler-Ross, depressão preparatória, que puderam ter alguém do lado, ouvindo-os em seus temores e fantasias a respeito da morte, que puderam enfim fazer uso de todos as defesas psicológicas levantadas pela inevitabilidade da morte, podem chegar então a este estágio de aceitação, no qual gradualmente fazem a decatexia final, a separação, e finalmente, entram na compreensão e no silêncio, podendo morrer em paz e dignamente.

A própria doença já tem um aspecto regressivo, exige cuidados e atenção. Nesta fase, ao fim de sua vida, o paciente necessita de conforto físico, além de amparo e solicitudes maternais. Quer tenha sido informado ou não, parece reagir a um sistema sinalizador intrínseco, que o avisa da morte iminente. Mesmo não se conhecendo os sinais psicofisiológicos que o paciente recebe, é possível captar estas dicas. É o momento de estar realmente junto com o paciente, quando as palavras são muitas vezes desnecessárias. É o momento do toque, do carinho e do olhar amoroso.

Para Elisabeth Kübler-Ross, o indivíduo que ao fim da vida tenha trabalhado, sofrido, doado, se divertido, volta então aos estágios percorridos ao entrar na vida, uma regressão a fases primárias de desenvolvimento, e se fecha o ciclo da vida, a morte como revés do parto; entra na morte pelos mesmos caminhos pelos quais entrou na vida.

Kübler-Ross finaliza seu livro *Sobre a Morte e o Morrer* dizendo: "Aqueles que tiverem a força e o amor para ficar ao lado de um paciente moribundo, com *o silêncio que vai além das palavras*, saberão que tal momento não é assustador, nem doloroso, mas um cessar em paz do funcionamento do corpo. Observar a morte em paz de um ser humano faz-nos lembrar uma estrela cadente. É uma entre milhões de luzes no céu imenso, que cintila ainda por um breve momento para desaparecer para sempre na noite sem fim. Ser terapeuta de um paciente que agoniza é nos conscientizar da singularidade de cada indivíduo neste oceano imenso da humanidade. É uma tomada de consciência de nossa finitude, de nosso limitado período de vida. Poucos dentre nós vivem além dos setenta anos; ainda assim, neste curto espaço de tempo, muitos dentre nós criam e vivem uma biografia única, e nós mesmos tecemos a trama da história humana". Cita ainda Tagore em *Pássaros Errantes*, CLXXVI: "Cintilante é a água em uma bacia; escura é a água no oceano. A pequena verdade tem palavras que são claras; a grande verdade tem um grande silêncio."

E. Kübler-Ross foi precursora de uma mudança de mentalidade em relação à morte e ao morrer. Ela foi bastante criticada pelo meio médico e acadêmico da época, pela sua postura e porque houve e há discordâncias quanto aos estágios, já que é sabido que nem todos os pacientes passam por todos eles e nem sempre nesta sequência. Ela mesma aponta isto em seu livro, dizendo que apenas alguns chegam verdadeiramente à aceitação. Mas como cuidadores, todos os profissionais envolvidos com pacientes graves devem auxiliá-los no processo de morrer.

Algumas belas metáforas passam a fazer parte da história do saber humano, enquanto seus autores tornam-se desconhecidos. Devemos a Elisabeth Kübler-Ross a criação da metáfora da transmutação da lagarta em borboleta e sua relação com o processo de morte. Leloup (1999) a respeito desta metáfora, diz: "O tempo de vida, o tempo do nosso corpo físico talvez seja o casulo no qual se prepara a borboleta que somos. Algumas vezes, percebemos em nosso corpo a 'coceira das asas'... São momentos de contemplação, de beleza. A lagarta que somos já entende palpitar a borboleta que também somos, e acontece que nos sentimos apertados nesse corpo, sentimos a limitação das palavras, de nossas pequenas emoções, de nossos pequenos amores..."

O simbolismo do corpo que adoece

Nossa mente inconsciente, assim como nosso corpo, é um depositário de relíquias do passado.

Carl G. Jung

O corpo, ao adoecer, não necessita apenas de uma junta médica para aliviar os seus sintomas. Está à procura de um reequilíbrio, de novas formas de conhecimento despertas pelos sofrimentos.

Em todo sofrimento existe uma indução de sentido, uma urgência, um apelo, nem sempre bem reconhecido. A dor canaliza todas as atenções, mas não se pode reduzir toda a experiência ao suprimir da dor. Ninguém se torna melhor ser humano apenas por afastá-la, mas por ressignificá-la dentro do processo vital.

O sofrimento representa o grito do corpo e do espírito, e às vezes, é até maior que a própria dor física. Quando o corpo adoece, o sofrimento pode ser causado pelo diagnóstico, ou pela expectativa deste, por fracassos nos tratamentos, ou pela sensação de impotência, ou pelas tensões, angústias e medos sobre a evolução da doença. O sofrimento diminui o limiar de percepção de dor, mas quando é compreendido e aceito aumenta-se este limiar.

Existe a dor que representa os limites a serem respeitados, que é sinal e função, que protege, e sem a qual todos os seres viveriam se machucando, doentes sem perceberem e portanto, sem se cuidarem, que é enfim a dor amiga, e diferentemente a dor limitante, aquela que priva o ser humano de desfrutar os prazeres possíveis, que deprime o sistema imunológico, impede contatos adequados, e que é, portanto, a dor inútil, que deve ser controlada através de todos os recursos e técnicas.

Porém a terapêutica não deve consistir em apenas no fazer cessar a dor, ou visar somente o tratamento da doença, ainda que o paciente esteja morrendo e sofrendo dolorosamente. O ser humano é mais que um corpo que adoece. A doença em qualquer de seus níveis – físico, psíquico, sócio ou espiritual – atinge em menor ou maior grau todo o ser, gerando necessidades a serem atendidas.

Pensando no corpo que adoece, três observações saltam à vista: a primeira é o ideal de um corpo perfeito, sem marcas. Só que o corpo tem registros, marcas que correspondem à vida que se viveu. Ao desprezá-las, está se desprezando a vida, de uma forma ou de outra. A segunda observação surge da crença de que forças de vidas passadas poderiam deixar referências e informações, ou mandatos e certos padrões de comportamento, com possibilidades de influir sobre a vida atual, através de um processo bioquímico (neurotransmissores) que atuariam no processo orgânico. Aqui se pensa em alma, psique – termo, aliás, usado inicialmente por Freud. A terceira é entender a doença em seu aspecto cultural e antropológico. Na cultura primitiva e mesmo em algumas tribos atuais, os curandeiros ou xamãs, ao tratar o doente, procuram entender o que ele fez ou deixou de fazer para que a doença se manifestasse. Há um deslocamento da doença para a cura, através de uma compreensão das relações com a vida ou com os outros, em uma inserção cultural, como por exemplo: sacrifício aos deuses ou a Deus para atingir a cura.

Assim, o adoecimento tem um simbolismo, um potencial de revelações e descobertas relacionadas à própria vida, mostrando uma relação em que a doença é fruto de um estranhamento com o próprio corpo, o que também é projetado nas relações com os outros.

A doença coloca o indivíduo de frente com a possibilidade de morte, portanto, tem o poder de reorganizar e ressignificar a própria vida. No entanto, a tendência é a do isolamento, da cobrança à perfeição, à cura, distanciando-o do entendimento da linguagem do corpo e do contexto em que se vive.

No livro A *Doença como Caminho*, Dethlefsen diz: “Entendo que o caminho do homem é aquele que leva da insalubridade, para a salubridade, da doença para a cura verdadeira. A doença não é uma perturbação essencial e desta forma um desagradável desvio do caminho, pelo contrário, *a doença é o caminho* pelo qual o ser humano pode seguir rumo à cura. Quanto maior a consciência com que enfrentamos o caminho, tanto melhor se cumprirão seus objetivos."

Assim, é muito importante, nestes momentos, o suporte psicológico, para que se possa aumentar a compreensão a respeito da vida, seus significados e suas mais íntimas repercussões, quando o que se vive é intensamente carregado de verdade como seres humanos. Desta forma é possível recuperar não apenas a saúde física, mas recuperar também a harmonia e a saúde das relações do ser consigo mesmo, com o outro e com o meio em que se vive.

O doutor Esdras Vasconcelos, em 1996, durante uma palestra intitulada "Psico-Oncologia, Câncer e Aids", disse: "toda e qualquer estimulação ou intervenção psicológica atua sobre o sistema nervoso e endócrino e consequentemente, sobre o jogo e a rede intersistêmica (...) Emoções que atuam tão profundamente neste nosso corpo e nos sistemas que ele tem são capazes de nos levar à morte, ou nos proporcionar saúde. (...) Eu não acredito numa psicoterapia que fique somente no nível do abstrato, da mente e da psique. As emoções do paciente, a psique do paciente, a força psíquica do paciente são capazes de interferir e alterar, tanto positivamente quanto negativamente, tão profundamente no processo biológico, que nós não podemos ficar sem considerar essa realidade".

Portanto, cabe a cada terapeuta descobrir esta força psíquica que cada paciente traz dentro de si. E aliados a ela e com o seu paciente, juntos, trabalhar para que muita vida e saúde possam jorrar desta fonte maravilhosa que é o trabalho conjunto.

Para Maslow, a manutenção da saúde passa pelo atendimento das necessidades fisiológicas, como fome, sede, sono e assim por diante e também por atender as necessidades psicológicas, que ele subdivide em: necessidades de segurança e estabilidade, necessidades de amor e sentido de pertinência, necessidades de estima e autorrespeito, e necessidades de autorrealização dos potenciais e capacidades. A busca pela realização das necessidades mais elevadas já seria um indício de saúde psicológica.

Enquanto Freud focava mais a doença e o sofrimento físico e psicológico, para Maslow, há que se considerar também os aspectos saudáveis, que são os aspectos que dão sabor e riqueza à vida. Não negava a existência da doença, mas afirmava que ela aparece não apenas porque existem aspectos patológicos, mas também pelo bloqueio dos elementos saudáveis. Segundo ele, "sem o transcendente e o transpessoal, ficamos doentes, niilistas, ou então, vazios de esperança e apáticos" (apud Saldanha, 1997), e o papel do terapeuta transpessoal deveria ser o de amar e cuidar do Ser ou essência das pessoas que o procuram, auxiliando-as no seu processo de autoatualização.

Os cuidados com o cuidador

Conheça todas as teorias,
domine todas as técnicas,
mas quando tocares uma alma
humana, seja apenas
outra alma humana.

Carl G. Jung

Já foi explicitado que trabalhar com o paciente, dito terminal, exige do profissional de saúde um grande grau de amadurecimento pessoal e profissional, além do respaldo de seu próprio processo psicoterápico.

Foi também explicitada a crença de que, fora raras exceções, o paciente tem direito à verdade quanto ao seu estado. No entanto, esta verdade também atinge em maior ou menor grau os profissionais que o atendem, repercutindo em seus próprios sistemas de crenças, medos e posições quanto à morte e o morrer. Esta repercussão não passa desapercebida pelo paciente, uma vez que a comunicação se dá não apenas no nível verbal. O corpo é sempre verdadeiro e o nosso olhar, postura corporal e gestos a revelam, modificando, dificultando ou facilitando a comunicação com o paciente, de acordo com a disponibilidade interna que se tenha, para estabelecer ou não um bom contato com a situação.

No livro *Vida e Morte: Laços da Existência* (Bromberg, 1996), no capítulo intitulado "A Vida que Há na Morte" escrito pelo doutor Vicente A. Carvalho, é feita uma analogia entre o cuidador e o Centauro Quíron, transcrita abaixo em sua inteireza dada a beleza e propriedade do texto.

> O Centauro Quíron (Keiron, do grego: aquele que faz com as mãos, palavra da qual também deriva cirurgião)

era a figura mitológica que tinha a aptidão de curar, sendo muito habilidoso em sua atividade, além de sábio e amigo dos homens. Foi ele quem instruiu Asclépio nas artes médicas, tendo este último instituído uma escola que resultou na formação de muitos médicos da Antiguidade grega, entre eles Hipócrates.

Quíron era amigo de Hércules que comandou uma batalha – o massacre dos Centauros – na qual o próprio Quíron foi atingido por uma flecha envenenada, o que lhe causou um ferimento incurável, resultando em grande sofrimento.

O Centauro era imortal e, não suportando mais as dores causadas por este ferimento, desejou morrer. Isso só foi possível quando trocou com Prometeu, que era mortal, a sua imortalidade. Prometeu ganhou a imortalidade e só então Quíron pôde descansar dos seus sofrimentos.

Conta ainda o mito que Quíron, ao morrer, subiu aos céus na forma da Constelação de Sagitário, uma vez que a flexa, (em latim = *sagitta*) estabelece uma síntese dinâmica do homem, voando através do conhecimento para a transformação do ser animal em espiritual.

Temos neste mito algumas alegorias que me parecem bastantes significativas e que podem servir ao propósito de encaminhar algumas reflexões. A primeira delas é a figura do próprio médico ferido. Ao falar de médico ferido entenda-se, de forma mais ampla, profissional de saúde ferido.

Quíron, médico e ferido, passou a conter em si as duas vertentes a que me refiro: a do médico e a do paciente. E isso importa porque frequentemente, como cuidadores, somos atingidos por aqueles de quem cuidamos, tal como Quíron, atingido por Hércules, seu amigo, que o fizera de forma não intencional, no entanto, não menos efetiva. Se nos ativermos, num momento

> de reflexão, a este aspecto do mito, perceberemos o quão frequentemente os profissionais de saúde são postos nesta situação, a de médicos feridos pela própria prática médica, pelos pacientes em suma – e como esta experiência poderá ser usada para uma compreensão dos processos internos do próprio profissional, o que poderá resultar numa melhor compreensão do paciente.
> Podemos pensar também no aspecto da imortalidade/ mortalidade de que trata o mito. Não suportando o sofrimento imposto pelo seu ferimento, Quíron prefere morrer e troca sua condição de imortal pela de mortal para ver cessadas suas dores. Penso que cabe aqui também uma reflexão a respeito da função dos médicos no que toca ao acompanhamento daquele que está morrendo, função muitas vezes evitada por eles, já que tradicionalmente os médicos têm sido formados para curar, vencendo a morte.
> Há ainda a considerar a figura do próprio Centauro, síntese dos aspectos instintuais e racionais, representados pela metade cavalo e metade homem, que compõem a figura mitológica.(...)
> Ao refletir sobre os movimentos de vida que ocorrem com o cuidador em relação à questão da morte e do morrer, sou levado a pensar o quão pouco temos institucionalizado cuidados com quem cuida para que o cuidador possa estar mais bem preparado, do ponto de vista emocional, para o desempenho de sua tarefa.

O psicoterapeuta, ao trabalhar com paciente grave ou em fase de terminalidade, além de cuidar desta relação, é muitas vezes solicitado a atender a família de seu paciente, acolhendo seus medos, angústias, auxiliando-os na comunicação com o doente ou no processo de luto. Em muitas outras situações, o psicólogo faz parte de uma equipe de atendimento, que inclui médicos, fisioterapeutas, nutricionistas, enfermeiros, e outros. Seu papel aí, além de ser o de responsável pelo atendimento psicoterápico do paciente, pode ser de articulador ou de facilitador da comunicação entre os membros da equipe, fornecendo subsídios para que, de forma mais saudável e criativa, possam lidar com os fatos e as situações que se apresentarem.

O psicólogo numa abordagem transpessoal deve favorecer uma maior integração dos aspectos biopsicossociais e espirituais entre estes membros, lembrando-se de que estão todos sujeitos a situações de profundo estresse. Este estresse, aliado às repressões das emoções com vista à objetividade clínica, pode ser fator desencadeante de esgotamentos psicológicos.

Remen (apud Bromberg, 1996) adverte sobre a fadiga a que estão sujeitos estes profissionais, que pode ter como consequências um grande número de divórcios ou rupturas de relações afetivas, suicídios, adições a drogas e incidências de doenças provocadas pela tensão, tais como enxaquecas, úlceras, diarreias, hipertensão etc. e que são muito mais elevadas em profissionais de saúde do que de outras áreas.

Importante salientar também que o esgotamento emocional e físico evidenciado por muitos membros da equipe multidisciplinar pode levar a uma disfunção profissional, como insatisfação e frustração com o trabalho, erros, faltas e afastamentos, além e principalmente da perda da compaixão.

A formação dos profissionais de saúde, seja de médicos, enfermeiros, psicólogos e outros, tem em geral, como preocupação central a objetividade, neutralidade científica, capacidade de resposta imediata a situações emergenciais e o cuidar do outro, muitas vezes em detrimento do cuidar de si mesmo, suas relações e qualidade de vida. Não salienta a interação e integração da razão com a emoção, focando muito mais a racionalidade e a perícia técnica.

Como consequência, isto pode levar os profissionais de saúde à negação de suas próprias emoções, não as identificando, não as atendendo e transformando; pode levá-los a relacionar-se com o paciente como um objeto, e a somatizações. A utilização destes mecanismos defensivos impede que, através de suas próprias vivências de dor e sofrimento, possa ser criado um verdadeiro entendimento do sofrimento do outro.

Uma atenção especial deve ser dada ao corpo de enfermagem. Colocadas como intermediárias entre o médico e o paciente, e pressionadas por ambos, geralmente são as enfermeiras que acompanham mais de perto o sofrimento do paciente e de seus familiares. São constantemente solicitadas a cuidar de algum aspecto do tratamento ou para aplacar a dor e a angústia do outro. Podem receber o apreço e a gratidão do paciente e de seus familiares ou a inveja pela saúde e competência, a raiva e a agressividade. No entanto, veem-se tantas vezes impotentes para ajudar tecnicamente. Ainda assim, dentro da própria equipe são, não sempre, mas costumeiramente, tratadas como inferiores, além de se sujeitarem a rotinas e horários estressantes e baixo salário.

Com os médicos, os pacientes e familiares vivem uma relação antagônica. Podem tratá-los como semideuses, portadores da cura ou como incapazes e enganadores. E ambas as atitudes são angustiantes para os médicos, que já vivem em situação de conflito entre o esforço de prolongamento do tempo de vida ou simplesmente dar mais qualidade ao tempo que resta, apaziguando, prescrevendo a medicação adequada para que o paciente possa ter dignidade, poder de decisão e autonomia. Infelizmente, dentro do meio médico ainda há muito desconhecimento acerca dos fármacos e suas prescrições, o que leva alguns médicos a só utilizá-los "em último caso", obrigando o paciente a passar seu tempo mergulhado em dores e, às vezes, morrendo literalmente de dor.

Os médicos são formados para lutar contra a morte, vendo-a como uma inimiga e que muitas vezes, acaba por vencê-los. Por isto, a morte é vista como um fracasso. É fato que quando um paciente aproxima-se da morte, as visitas médicas escasseiam, o olhar do médico se dirige mais para os aparelhos e sua atenção se prende mais aos procedimentos clínicos e a rotinas preestabelecidas, por não saberem eles próprios o que fazer e como lidar adequadamente com a situação. É preciso lembrar que, somando-se a carga horária excessiva, dificuldade de expressão das emoções e decisões a serem tomadas, os médicos estão expostos à insalubridade do próprio trabalho com os pacientes graves.

Dependendo da estrutura de personalidade e rede de apoio, Carvalho (1996) enumera duas síndromes possíveis de ocorrer, ligadas ao trabalho profissional do médico, que são: *síndrome de sobrecarga de trabalho* que apresenta elementos como fadiga, irritabilidade, depressão, insônia e queixas físicas e *síndrome de estresse profissional (the burn-out syndrome)*, um estresse crônico, que leva a sintomas somáticos, psicológicos e comportamentais como cefaleia, dispneia, humor depressivo, ceticismo, desinteresse, comportamento evitativo ou crítico, abuso de substâncias psicoativas etc.

Clara é, então, a necessidade de medidas profiláticas de suporte a estes profissionais. Contando com apoio psicológico adequado, levando-se em conta as diferentes especificidades, com troca de experiências e conhecimentos, estes profissionais, sejam eles médicos, enfermeiras, assistentes sociais, nutricionistas e outros, não mais sentiriam a sensação de isolamento, poderiam compartilhar suas dores, frustrações e esperanças, teriam melhores condições emocionais, e consequente, melhora no atendimento do paciente.

Felizmente, alguns movimentos neste sentido veem sendo feitos. Em 1º de maio de 1994 foi fundada a Sociedade Brasileira de Psico-Oncologia (SBPO) com o objetivo de congregar profissionais com interesse na área, para estudo, divulgação e desenvolvimento da Psico-Oncologia e para a implantação de Serviços de Atendimento Psico-Oncológicos em várias regiões do Brasil, que culminou com a publicação da Portaria nº 3.535 do Ministério da Saúde, que determina a presença obrigatória de profissionais especialistas em Psicologia Clínica nos serviços de suporte, como pré-critério de cadastramento de centros de atendimento em Oncologia junto ao SUS.

A mesma Sociedade, por meio de seus congressos nacionais e encontros, procura a integração e a troca de experiências e/ou informações entre os profissionais de saúde de diversas áreas afins, que lidam e sofrem com o impacto do câncer. Busca, ainda, ampliar a capacitação profissional através do Curso de Especialização em Psico-Oncologia, reconhecido por ela, fornecendo fundamentação teórico-conceitual e prática para uma atuação mais eficiente.

Outras iniciativas vêm sendo tomadas para auxiliar os cuidadores nesta problemática, com a criação de programas de preparo dos cuidadores, como o "Programa Cuidando do Cuidador" de Fortaleza, Ceará (Carvalho, 1998), que é construído e tem correspondência com a Psicologia Transpessoal. Portanto, pode servir de modelo para a criação de outros programas semelhantes dentro da Abordagem Transpessoal. Este programa visa capacitar os profissionais de diferentes áreas ou especialidades médicas a lidar com a ansiedade, a qualidade de vida e outros aspectos de suas rotinas. É desenvolvido em 4 módulos, que envolvem questões acerca do que vem a ser o cuidador e o cuidado, no contexto pessoal e profissional. O Módulo I: *Conscientização e sensibilização na descoberta do estresse*; Módulo II: *Transformando o estresse: a comunicação do corpo – profissional/equipe/paciente*; Módulo III: *Uma história oculta no corpo – saúde versus doença*; e Módulo IV: *Vivendo e morrendo no hospital – a morte como experiência de vida*. Em cada um destes módulos a elaboração teórica e as vivências são alternadas, de forma que os participantes possam identificar como estão, o que sentem, de que forma, num âmbito biopsicossocial e espiritual; instrumentalizar-se para lidar com as situações de morte e separação, perceber a doença como símbolo e vivenciar o que é estar doente e hospitalizado na ótica do paciente; e a integração Eu-Outro, dentro do sentir/saber e agir.

Na Abordagem Transpessoal, tais módulos correspondem às 7 etapas do processo psicoterápico: Módulo I – *Reconhecimento* do desconforto causado pelo estresse e pela angústia; *Identificação* das repercussões da situação com as sensações físicas, sentimentos, emoções e pensamentos vivenciados, através da sensibilização; *Desidentificação*, trazendo os elementos opostos, tomar distância e detecção do acréscimo do estresse. Módulo II – *Transmutação e Transformação* através do manejo construtivo das situações causadoras do estresse, aumento da consciência e percepção corporal, mensagens e sinais em si, no outro e no paciente. Módulo III – *Elaboração* do tema saúde e doença, sintomas e símbolos dentro do enfoque biopsicossocial e espiritual, assimilando e integrando múltiplos aspectos do adoecer, aumentando a compreensão acerca de si e do outro. Módulo IV – *Integração* das novas percepções e compreensão do processo de perda e separação, da morte e do morrer, das fases citadas por Kübler-Ross e do processo evolutivo do homem.

E quanto ao psicólogo? Como cuidar deste cuidador, que se propõe a cuidar de tantos? Maslow (citado por Vera Saldanha na apostila do Módulo II do Curso de Formação em Psicologia Transpessoal) diz a respeito da responsabilidade da Psicologia: "creio que os psicólogos ocupam a posição mais importante no mundo hoje. Digo isto porque todos os problemas importantes da humanidade – guerra e paz, exploração e irmandade, ódio e amor, doença e saúde, compreensão e incompreensão, felicidade e infelicidade – levarão a uma melhor compreensão da natureza humana e para isto a Psicologia deverá atentar e aplicar-se." Consciente desta responsabilidade, sem muitas vezes estar preparado para isto, o psicólogo se vê frente a situações de "ter que dar conta" de atender o paciente, os familiares deste e aos membros da equipe. Isto pode levar a um fluxo incessante de pensamentos e a comportamentos automáticos, que o impedem de vivenciar a Unidade Cósmica, seu Ser integral e o acesso aos níveis superiores de pensamento, que o envolveriam então, em sentimentos de verdadeira compreensão, aceitação e amorosidade. Para que o psicólogo se eleve ao nível do supraconsciente e daí encontre um potencial inesgotável de energia, faz-se necessário que ele se aquiete, se acalme, reorganize o seu mundo interno e enxergue seu próprio eu.

A formação do psicoterapeuta transpessoal envolve o conhecimento teórico e científico, além de treinamento prático. Mas é também vivencial, já que para a Psicologia Transpessoal todo trabalho passa pelo eixo experiencial e pelo eixo evolutivo (Anexo 1). "Ser terapeuta transpessoal é um ato que se renova a cada instante, em cada atendimento... é um caminho que se faz ao caminhar" (Saldanha, apostila do curso de formação).

Nesta abordagem, o trabalho do terapeuta com o seu paciente é um reflexo do trabalho que ele faz consigo mesmo. Portanto, exige do terapeuta a aplicação de cuidados, não apenas no estudo da teoria, mas nos níveis existencial, experiencial e evolutivo.

O terapeuta é um facilitador, um catalisador do próprio processo do paciente, para que ele amplie sua realidade, entre em contato com sua própria sabedoria e desenvolva seu terapeuta interno. Acompanha a plasticidade do inconsciente do paciente e o ajuda a tomar de volta para si o seu Ser saudável, propiciando a manifestação do eixo evolutivo do paciente através da Ordem Mental Superior, que é o seu Eu Superior. Deve favorecer a evolução do paciente, no tempo, na medida e na sua verdade próprios.

O homem é luz, só se esqueceu disto. O caminho da transcendência não é novo para ele. Mas é preciso reencontrar-se para então, redescobri-lo. O psicólogo de orientação transpessoal deve ter intenção de ajudar e de curar seu paciente. Mas deve estar consciente que o resultado não lhe pertence. Livrando-se do apego, evita muito sofrimento, dor, ansiedade para si mesmo e consequente redução de seu fluxo energético. Além de trabalhar-se em sua própria terapia, deve buscar o seu desenvolvimento transpessoal, transcendendo seus limites pessoais e construindo sua escala evolutiva. Para a Psicologia Transpessoal o terapeuta é um instrumento da rede evolutiva do Universo. É aquele que tem o conhecimento teórico e a percepção treinada para acompanhar como facilitador e catalisador do processo do outro. Em relação ao seu paciente, cultivar uma atitude de aceitação e confiança no potencial do paciente, mas isenta de expectativas, críticas e julgamentos.

Nos cuidados consigo mesmo, o psicoterapeuta transpessoal pode utilizar-se das seguintes estratégias:

- Ouvir e seguir o próprio coração. Acreditar que há uma sabedoria transpessoal.
- Desenvolver o ouvir, aceitar e compreender, primeiro em si próprio. A comunicação inconsciente é intensa. A atitude do terapeuta para consigo mesmo é percebida pelo paciente e pode lhe servir de modelo ou indicação de caminho.

- Desenvolver e ampliar sua razão amorosa. O indivíduo tem recursos para superar os problemas, embora estes talvez não estejam disponíveis para ele, no momento, motivo pelo qual veio buscar a terapia.
- Trabalhar a linguagem simbólica (metafórica).
- Trabalhar a intuição (lampejo do Absoluto, apreensão da realidade) como uma rica operação da inteligência, que dificilmente aparece em um campo tenso. Para que ela se dê, deve limpar suas emoções, deixando a energia curativa fluir em si.
- Trabalhar e curar o seu Self Pessoal e atingir o Self Transpessoal. Trabalhando o pessoal, estará automaticamente trabalhando os que o rodeiam – família, amigos, colegas profissionais (principalmente os terapeutas que trabalham em equipes multidisciplinares) e pacientes.
- Trabalhar os apegos, com a confiança que a vida cuida da própria vida. Buscar sua evolução em todos os níveis.
- Compreender e trabalhar os próprios sonhos, como linguagem e possibilidade de transmutação. Os sonhos trazem a experiência de multidimensionalidade, favorecem a conexão com o Absoluto através da vivência de Unidade, integram níveis experienciais e evolutivos e são necessários para a cura.
- Ampliar o positivo e cuidar das próprias expectativas, estimulando a plena atenção no aqui e agora.
- Atenção ao próprio corpo energético. Cuidados com a alimentação, beber muita água, tomar banhos de luz. Praticar exercícios físicos e automassagem.
- Praticar meditação e exercícios de visualização.
- Volta ao seu grupo para apoio, reabastecimento das energias, troca de ideias e ideais, supervisão, atualização, revisão dos projetos em comum e estratégias de enfrentamento.

- Manter-se em ligação com a Egrégora dos Terapeutas.
- Buscar vivenciar a própria senda espiritual, lembrando que espiritualidade é a consciência de participação e comunhão com o Todo.
- E cultivar a arte da transcendência.

Pierre Weil (1997) lembra que cuidando do nosso bem-estar cuidamos de todos, porque o trabalho começa no corpo, no mental, no emocional e no psiquismo de cada um. Somente estando sadio, o psicólogo pode atender o outro em sua parte doente. A parte sadia, isto é, o Espírito do terapeuta desperta a parte sadia do paciente, seu Espírito – seu terapeuta interno. Faz-se então a aliança terapêutica, visando a melhora do paciente e a evolução de ambos, porque só há saúde plena quando a essência se manifesta na existência. Para os Antigos Terapeutas de Alexandria a saúde plena existe quando "*Ruah*, o Sopro, o Espírito, o *Pneuma* habita o corpo, a psique e a dimensão noética".

Jean Yves Leloup (1997) diz que os "Antigos Terapeutas eram pessoas que curavam por meios espirituais, desenvolvendo um contato íntimo com o doente, facilitando seu poder de cura, através de seu contato com o Absoluto". Diz ainda que "o terapeuta é aquele que acompanha alguém no momento de crise, no momento da dificuldade e que o ajuda a chegar à outra margem. É o companheiro do caminho. Não aquele que tem a resposta, mas o que nos conduz a um lugar de nós mesmos de onde vai jorrar a resposta da vida".

Para Leloup, Cristo aparece como o grande terapeuta. Aquele que devolve à pessoa doente a vontade, a liberdade e a possibilidade de se curar, religando-a ao centro do seu Ser, ao Divino. Jesus era um terapeuta da alma e da psique, no sentido físico e no sentido espiritual, ensinando-as a entrar em relação e intimidade com a fonte do ser, que ele chamava de Pai.

O terapeuta transpessoal compreende que a doença pode ocorrer, além de outros motivos, pela falta de um desejo essencial de vida e por uma ruptura da ligação com a fonte plena de recursos. Então, é aquele que busca a saúde em si, através da própria felicidade, comunhão com todos os seres; solidariza-se com o outro em seu sofrimento, mas alia-se ao ser saudável que existe neste outro; busca desenvolver em si um estado de amor e equilíbrio. Trabalha o desenvolvimento do seu conhecimento e competência, mas reconhece-se como um instrumento do Universo para ajudar a vida a fluir.

A QUESTÃO DO AMOR

No crepúsculo da vida, um ano antes de morrer, Freud ouviu de um de seus alunos, J.C.Flügel, psicanalista inglês, uma indagação profunda: "Diga-me mestre, por que a psicanálise realmente cura o paciente?" Freud pensou e então respondeu baseado em sua longa experiência e sabedoria: "Em determinado momento, o analista ama o paciente e o paciente sabe, e então é curado".

Tanto Freud, quanto Maslow ou Jung ressaltam a necessidade do amor do terapeuta pelo seu paciente como condição para o processo de cura. Este amor diferente que existe em uma relação terapêutica representado pela crença do terapeuta no potencial do outro em encontrar, e se reconciliar com todas as suas partes. LeShan (1992), fala ainda do amor de si mesmo e do papel do desejo e da esperança. Com acerto e propriedade escreve que:

> Na grande maioria das pessoas que eu entrevistei (certamente não em todas) existira, antes dos primeiros sinais visíveis do câncer, uma perda de esperança de jamais conseguir um tipo de vida que oferecesse uma satisfação real e profunda, que proporcionasse uma sólida razão de ser, o tipo de significado que nos deixa felizes de sair da cama pela manhã e contentes de ir para a cama à noite – o tipo de vida que nos faz aguardar com entusiasmo cada novo dia e futuro.
>
> Com frequência, essa ausência de esperança surgia da impossibilidade da pessoa se relacionar e se expressar e da incapacidade de encontrar um substituto significativo.

> Em muitos outros que encontrei e com os quais trabalhei, não houve perda objetiva de uma relação, mas sim a perda da esperança de encontrar, através de sua maneira individual de expressão e de seus relacionamentos, a profunda satisfação por que tanto ansiavam.
> (...) tentaram negar o que viam como sendo seus verdadeiros eus, pois eles nunca lhes trouxeram o que necessitavam tão desesperadamente – o amor diferenciado que poderia regar e nutrir suas vidas (...). Somente depois que as pessoas desesperadas tiverem coragem de mostrar suas verdadeiras faces é que os outros poderão reconhecê-las e responder com afeto e amor.
> E apenas depois disto – depois de encontrar e mostrar seu verdadeiro ser – o amor pode ser aceito e acreditado.

LeShan fala ainda do desespero essencial e profundo que seus pacientes sentiam e dos mandatos que sempre exprimiam do tipo: "É assim que eu sempre me senti", "É assim que sempre foi comigo" – que mesmo diante de uma doença fora de controle, eles tendiam a não procurar novas experiências ou modificar seus padrões habituais de comportamento.

Cabe ao terapeuta evidenciar e auxiliar o paciente a perceber estes mandatos, para que ele possa reencontrar o caminho para o amor e assim fazendo, modificar seus padrões de comportamentos, com a finalidade de recuperar a saúde física, mental e espiritual e desta forma, encontrar alívio ou a cura para seus sintomas.

Enquanto em muitos casos existe muita vida na morte, uma vida rica, digna e plena até o fim do processo de morrer, em outros tantos o que existe é a morte em vida. É como se houvesse uma desistência de viver, uma desintegração da vida interior. No primeiro caso da vida na morte, existe aceitação e entrega ao grande mistério, ao insondável. No segundo, é o abandono de si mesmo, o indivíduo não acredita na sua capacidade de aprender, de mudar coisa alguma e de encontrar um significado para a vida que se vive.

Em muitas doenças, não apenas no câncer, existe no cerne do problema esse desamor de si e à vida, uma desesperança. É quase como se o indivíduo se "omitisse" de seu processo vital. Aquele que se propõe a ajudá-lo deve fornecer subsídios para que o indivíduo assuma a responsabilidade por si mesmo e pela sua vida, reconcilie-se com todas as suas partes, com seus aspectos de sombra e de luz, com a sua essência, sua "persona". Deve auxiliá-lo a desenvolver autonomia, a vontade e o desejo. Jung já disse em 1954 que "*ninguém se torna iluminado imaginando figuras de luz, mas sim tornando a escuridão consciente*".

O terapeuta transpessoal no dizer de Vera Saldanha, ao trabalhar com o paciente no fim de vida corpórea, que acompanha a morte de um estado para o renascimento em outro, para estar realmente presente nesta relação, "deve ter feito a incursão em seus mundos interiores, descortinado para si mesmo a possibilidade de ampliar seus paradigmas, vivências e percepções, sem deixar de lado sua formação", deve ter vivenciado o eixo experiencial em si, e ampliado para si os aspectos do r.e.i.s., as quatro funções psíquicas, da seguinte forma:

- **R**azão: conhecer as tradições, rituais, ciência, tanatologia etc., a respeito da morte e do morrer.
- **E**moção: desenvolver a aceitação incondicional, amor, ser e sentir-se amado.
- **I**ntuição: todo o processo de dimensão do que é e não só está, ter a percepção do conceito de Absoluto.
- **S**ensação: ritos de toque, do cuidar, dar conforto, do abraço, do olhar o outro em sua inteireza.

Desta forma, através desta presentificação, deste estar com o paciente, permitir a entrada no mistério (Ordem Mental Superior [OMS]), a presença do eixo evolutivo, dando sentido e dignidade para a morte, facilitando a passagem. Assim a morte passa a ser vista como a comunhão com a consciência cósmica, o que não traz a fragmentação ou isolamento, que não é perda, mas a integração com o Universo.

Para LeShan, os terapeutas que estiverem cuidando de alguém no que ele chama de "Tempo de Morrer" devem incentivá-los na descoberta de um objetivo: compreender o padrão e o significado do que a vida realmente é: algo muito valioso até o último instante. O tempo de morrer também é um tempo de aprendizado, de perdoar e ser perdoado; é o tempo da aceitação, tempo para relembrar a sua própria sinfonia.

O verdadeiro doente, o doente da alma, é como um pássaro que sabe que conhece uma linda canção, mas não consegue lembrar a sinfonia, e portanto não consegue abrir o coração e simplesmente cantar. O terapeuta habilidoso é aquele que, com sensibilidade e delicadeza, pode ajudá-lo a reencontrar a harmonia universal, que dá o tom e lhe diz: "*Vá em busca de si mesmo, eu estou com você, descubra sua própria canção, aquela que só você pode entoar*".

O amor é a força que pode transcender os limites da razão, do conhecimento, romper a barreira do isolamento; é a capacidade de expansão contínua dos afetos positivos por si, pelo outro, por todas as coisas e pela natureza. O amor traz a sensação e sentimento de ser uma unidade pertencente ao Universo, do contato com o sagrado que há dentro de cada um.

O ato de amar traz à tona e desperta o amor do outro. Para os sufistas: "*se você olhar para as coisas com os olhos da razão comum, você nunca entenderá como é necessário amar*".

Sobre a fé e o problema da culpa

Foi a tua fé que te curou
Lucas, 8:48

Longo é o tempo da minha jornada, e longo é o caminho.
Saí no carro do primeiro raio de luz, e continuei a minha viagem através dos desertos dos mundos, deixando minhas pegadas em muitas estrelas e planetas.
O caminho mais longo é o que mais se aproxima de ti, e a mais difícil aprendizagem é a que leva à extrema simplicidade de um acorde.
O viajante precisa bater em muitas portas alheias para finalmente chegar à sua própria; tem que vagar por todos os mundos de fora, para finalmente alcançar o santuário mais íntimo.
Meus olhos vagaram longe e por todos os lugares, antes que eu os fechasse e dissesse: "Estás aqui!"
A pergunta e o grito "Onde?" derretem-se nas lágrimas de mil torrentes e afogam o mundo no dilúvio da certeza: "Eu sou!"

Tagore, *Gitanjali*

O câncer é uma doença que ataca não apenas o indivíduo, mas que toca também todos que o cercam. O diagnóstico deve ser dado pelo médico, porque só ele pode trazer o quadro real da doença. E mesmo quando o câncer encontra-se metastado, deve ser mantida a esperança. O organismo humano e a vida são frágeis, no entanto, maravilhosamente se esforçam a cada dia na renovação e na evolução constantes. Há que se rever os valores da pessoa humana e o medo da morte.

O processo de adoecimento pode ser um gatilho inicial na busca de si mesmo, no focar do próprio Eu. E as pessoas que sobrevivem ao câncer geralmente têm em comum: vivacidade, alegria de viver a cada momento, enfrentamento das dificuldades sem se tornarem rígidas e busca do crescimento interno. Outras vezes, anteriormente à doença viviam um quadro depressivo e o surgimento da doença desperta-lhes o guerreiro interior. Saem do quadro depressivo e partem para o caminho de autoconhecimento e luta para a vida.

Isto significa que saúde e doença, alegria e tristeza, são apenas formas de expressão de uma única vida. Portanto o adoecimento tem um sentido, que leva ao redirecionamento e reposicionamento frente à própria vida e ao amadurecimento dos processos evolutivos.

Para que a cura aconteça não basta apenas o auxílio do melhor médico e técnicas disponíveis, mas também é necessária a participação ativa do paciente. Esta participação pode ser observada pela revisão de vida e valores, pela mudança de significação dos acontecimentos, e pelo atendimento das próprias necessidades que o indivíduo já possuía, mas não se permitia, principalmente àquelas que dizem respeito à sua autorrealização.

Com efeito, ao se esconder um diagnóstico de câncer, temendo que este venha a intensificar um quadro de depressão no paciente, está se negando a ele o direito de tomar decisões acerca do seu tratamento, o que ele pode fazer se esclarecendo, discutindo amplamente, buscando informações. Mais grave ainda, se lhe retira a possibilidade de sua participação ativa e consciente no seu processo de cura e nas decisões acerca de sua própria vida e crescimento.

Em virtude da desinformação e dos tabus ligados ao câncer, muitas vezes ele é visto ainda como uma sentença de morte, embora isto não seja verdade na grande maioria dos casos, nos quais a cura acontece ou o câncer se comporta como uma doença crônica.

A vida e a manutenção da saúde embasam-se no funcionamento normal e integrado de todos os sistemas que compõem o organismo, principalmente do sistema nervoso central, do sistema endócrino e do sistema imunológico, cada um com seu mecanismo de regulação própria. Através deste, três sistemas veiculam também estímulos originários das emoções e sentimentos, que levam a consequências orgânicas positivas ou negativas, causando impacto no organismo como um todo.

A psicoterapia transpessoal pode, com as suas técnicas, ajudar o paciente a compreender de forma mais abrangente sua condição atual, favorecer seu crescimento e propiciar melhoras significativas em todas as fases do tratamento, não apenas do câncer, mas também de qualquer outra doença. Trazendo de volta o desejo, a vontade e o gosto pela vida e pelo viver, a psicoterapia transpessoal pode auxiliar na transcendência da doença e sua transmutação.

Diversos estudiosos da problemática do câncer, dentre eles LeShan e Simonton, afirmam que aqueles que sobreviveram possuíam um algo a mais, às vezes indefinido, um querer a mais, ou uma necessidade interior de cumprir um papel ou uma missão, que os fizeram não apenas usar todos os meios e tratamentos técnicos disponíveis, mas ir além. Esta fé na vida e em si mesmos, esta força transcendental, pôde ser captada por médicos sensíveis. Dito de outra forma: existe uma grande participação da mente e das emoções no equilíbrio ou no desequilíbrio físico do indivíduo.

A humanidade, qualquer que seja a época ou a religião, tem buscado ajuda para a cura de enfermidades nas forças espirituais, nos poderes de seres visíveis ou invisíveis. Dos templos egípcios ou gregos antigos até os templos e igrejas modernos, todos sempre procuraram encontrar o poder curativo para ajudar aqueles que sofrem.

Nas tradições espiritualistas, o corpo é o templo do espírito. Mas a enfermidade em si não constitui mérito algum se através dela o indivíduo não reencontrar o caminho que liga o Criador à criatura, se não despertar o seu poder interior de evolução. A doença, os transtornos e sofrimentos decorrentes dela, constituiu-se um estágio temporário na senda de elevação espiritual. A enfermidade é transitória e a saúde é o estado natural e permanente. O despertar espiritual traz novas energias curativas que se expressam não só no corpo físico, mas em todo o Ser.

Para Simonton (1994) o aspecto espiritual precisa ser examinado na busca da cura, já que este aspecto potencializa o poder mental. Para ele, espírito é o princípio vital, o lado sensitivo e motivador da vida. O espírito traz recursos internos e torna o indivíduo receptivo a forças curadoras que vêm da fonte de sabedoria interna, que vão além da compreensão atual dos limites do Ser.

Nesse caso, poderosos processos mentais são ativados e participam do processo curativo, através da produção e liberação de substâncias pelo próprio organismo e que possuem efeitos farmacológicos. A psiconeuroimunologia vem buscando e fornecendo algumas respostas sobre como as emoções traduzem em substâncias químicas (moléculas de informações) que agem sobre o mecanismo de cura.

Conhecendo esta outra realidade, é importante que o médico e/ou o psicoterapeuta, sendo pessoas respeitadas e de confiança do paciente, não o desestimulem quando ele manifestar o desejo de experimentar outros tratamentos alternativos tais como acupuntura, tratamentos espirituais, macrobióticos, quiroterápicos, cromoterápicos ou outros, desde que não se abandone o tratamento médico convencional. Portanto, o tratamento alternativo deve ser complementar, não uma alternativa, uma opção por um em detrimento do outro.

Assim, qualquer que seja a doença, enquanto o indivíduo se submete a todos os cuidados físicos e tratamentos necessários, clássicos ou não, ele estará buscando e elaborando sua autorrealização, percorrendo os caminhos para um estado superior de consciência, autoconsciência e autocura.

Como em tudo, no entanto, é preciso bom senso e moderação quando se fala do poder da mente e de tratamentos complementares alternativos. Tanto maior é a possibilidade de cura do câncer, quanto mais precocemente for diagnosticado e tratado adequadamente por profissionais competentes.

É indiscutível que a questão da fé e tratamentos por meios espirituais têm importância, como já foi visto e podem trazer benefícios aos pacientes, assim como são conhecidos casos de remissão espontânea do câncer. Em geral, as curas espontâneas acontecem com os indivíduos que mantêm a esperança, que acreditam nos diagnósticos, mas que não aceitam os prognósticos desfavoráveis. São indivíduos que acreditam no mistério da vida, no poder de uma força maior.

Entre o segmento editorial de livros de autoajuda também é possível encontrar obviamente entre eles, boas publicações que podem auxiliar a pessoa doente, motivando-a a se perceber melhor e se automodificar e às suas posturas frente a vida.

O problema é quando ocorre de tais tratamentos retardarem o combate também pelos meios tradicionais, levando o paciente a perder energia e tempo preciosos.

Em Simonton e Henson (1994) pode ser encontrado o relato de um caso bem-sucedido de tratamento de câncer. Em 1979, Reid Henson foi diagnosticado como sendo portador de leucemia das células reticulares, uma forma rara de câncer que o levaria à morte, segundo o médico que o assistia, em no máximo dois anos. Sendo uma pessoa combativa, com espírito de luta, Reid não se conformou com o prognóstico frio e mecânico do especialista e começou uma jornada que finalmente o conduziu ao caminho da cura.

Além de procurar outro médico com o qual tivesse mais afinidades, Reid buscou o Centro Simonton para o Tratamento de Câncer, que foi, segundo ele, o início de um imenso esforço de reação contra o câncer e despertou-lhe a esperança. Começou um tratamento psicoterápico para lidar não apenas com a doença, mas também com outros problemas pessoais para os quais não dava importância anterior. Fez dietas à base de vitaminas, buscou xamãs, médiuns e curandeiros. Começou a espiritualizar-se e a buscar o Absoluto dentro de si. Tudo isto, enquanto continuava o tratamento médico clássico.

Teve uma remissão da doença e achou-se curado por mais de dois anos. Já passara quatro anos desde o diagnóstico inicial e ele vivia. Daí veio uma recidiva e ele lutou novamente, buscando novos tratamentos, agora com interferona, ao mesmo tempo em continuava a busca por si mesmo e sua relação com o Criador. Não só se curou novamente, como ainda conseguiu ser pai, contrariando o diagnóstico médico de que por causa do tratamento, teria se tornado estéril.

Reid não sabe precisar o que o curou e não se importa. Pensa que cada vivência teve valor; os tratamentos convencionais, os coadjuvantes e os alternativos. Atribui fundamental importância à fé, esperança e vontade de viver.

A maioria dos médicos e psicoterapeutas já recebeu, em seus consultórios, pacientes que chegam deprimidos, desesperançados e sem energia em virtude da desilusão com tratamentos e terapias supostamente milagrosos, que vão desde dietas, operações espirituais e beberagens ditas curativas até tratamentos com pseudoterapeutas.

Pior ainda, estes pacientes chegam se sentindo culpados, não apenas por terem "fabricado" um câncer, como também por serem impotentes por não conseguirem curá-lo.

É preciso cuidado com afirmativas do tipo: "você pode curar sua vida", "tem câncer quem quer e quem precisa", "a cura está ao alcance de todos", "tudo é a cabeça, você pode curar qualquer doença", "existe uma chave para a cura", "viva sem medo e sem doenças", e por aí afora. Tais afirmativas podem ter, e geralmente têm, boas intenções. Mas quando o paciente não consegue atingir a cura do corpo físico como, é claro, ele deseja, sente-se um fracassado e tem raiva de si mesmo. Isto só vem a contribuir com a piora do quadro psicológico e também imunológico.

E o processo de morrer, que poderia ser digno e rico, quando acontece, soa como uma derrota e não como um tempo de aprendizagem e crescimento do Ser. A morte é um processo natural, normal e integrante da própria vida.

Com a culpa permeando tudo, às vezes o próprio paciente e sua família, fica mais difícil atingir o estágio de amadurecimento e aceitação, que traz a serenidade. A culpa impede vivências muito ricas para o paciente e que facilitariam o processo de luto de si mesmo e da sua família.

Culpa, medo e responsabilidade são núcleos que caminham muito juntos. Quando a culpa é muito grande, se transforma em autopunição e em autodestruição. Ela se volta contra o indivíduo como um castigo. O organismo, constantemente bombardeado pelas cargas negativas e doentias da culpa, pode acabar por desenvolver doenças, que podem ser físicas ou psíquicas. E isto não dilui a culpa, só a fortalece.

De maneira contrária, a responsabilidade traz o reconhecimento do erro ou engano de percepção, entendimento ou julgamento. Através do reconhecimento vem a necessidade do mecanismo de reparação (consertar, reparar a ação) e com esta ação reparadora é possível aliviar as culpas e alcançar o autoperdão. Com efeito, existe uma diferença entre sentir-se culpado e ser responsável. O fato de assumir a responsabilidade por si mesmo implica em passar a cuidar pessoalmente da própria vida e da própria saúde, abrir-se para a confiança e a fé, o que consiste no primeiro passo no sentido da verdadeira cura, que é sempre criativa e representa o nascer de uma nova forma de vida.

Assagioli (1993) afirma que "aquele que tenha aprendido que os pensamentos, os sentimentos e as afirmações da vontade não são meras abstrações, que são forças vivas e poderosas realidades dos planos sutis, que são na verdade nossas próprias criações, é mais responsável ao utilizar estas forças internas do que aquele que ignora tudo isto". Portanto, para que o crescimento espiritual ocorra é necessário observar as grandes questões éticas da humanidade e uma moral pura e consciente, de caráter universal.

O mecanismo de reparação constitui-se da somatória dos pensamentos e das ações positivas que o indivíduo faz e que dilui o núcleo de culpa. Além disto, a reparação causa imediatamente um efeito dignificante no próprio indivíduo, trazendo-lhe sensações de bem-estar, nobreza e harmonização.

A culpa também é responsável em parte pela dor moral, além de acentuar a dor física. O psicoterapeuta deve estar aberto para ouvir compreensivelmente e ajudar a diluir esta dor moral causada pela culpa em sentimentos de autoperdão. É imprescindível a fé do próprio terapeuta na sua capacidade de influenciar positivamente, estimular e inspirar seus pacientes a seguirem as suas trilhas pessoais e na capacidade do outro em se autocurar, ainda que esta cura não alcance o nível físico. Assim, mesmo uma doença fatal pode causar uma cura emocional e espiritual intensa e profunda. E o psicoterapeuta sensível e amoroso, que enfrenta seu próprio lado sombra, deve estar pronto a acolher ambas as situações: a recuperação como também a morte.

Abrindo seu próprio coração para receber, consciente que o processo de cura é o caminho da iluminação interior, que pode prosseguir mesmo depois da morte, o terapeuta pode então estar com o outro até o último instante de vida física, aceitando-o em sua plenitude e inteireza, amparando-o neste nascimento para outro estado de consciência.

Acompanhar alguém no momento da morte pode ser a manifestação do mais puro amor, que expande para tudo e engloba o outro. Daquele amor que não teme a morte, mas que a vê como mais um momento da vida. Mesmo a morte é uma expressão de amor, porque representa e concretiza a transformação e a entrega na Unidade. A morte é sair da noite escura para a iluminação da totalidade, o encontro com o Absoluto.

O PROCESSO DE CURA

...[Entre os gregos] médicos ilustres dizem a um paciente que chega com os olhos enfermos que não podem curar apenas seus olhos, mas que se desejam curar seus olhos, a cabeça deve ser tratada; e então, dizem novamente que pensar em se curar apenas a cabeça, sem curar também o resto do corpo, é o cúmulo da insensatez. E, assim, utilizam esses métodos no corpo inteiro e tentam tratar e curar, simultaneamente, o todo e suas partes...
...[Entretanto, os médicos da Trácia criticam esse procedimento dizendo que, até onde sabem, eles estão corretos, mas] que você não deve tentar curar os olhos sem curar a cabeça, ou curar a cabeça sem curar o corpo, nem deve tentar curar o corpo sem curar a alma, e esta... é a razão por que a cura de tantas doenças é desconhecida para os médicos de Hélade, porque eles ignoram o todo, que também deve ser estudado, pois as partes não podem ficar bem a não ser que o todo esteja bem.

Platão, *Chamides* (*Trad. de Jowett*)

Quando se trabalha com pacientes graves, um dos problemas mais difíceis de ser enfrentado, pela equipe de saúde, é quanto à expectativa de cura. Esta pode acontecer por parte dos profissionais ou quase sempre por parte dos pacientes. Quando ela vem dos pacientes, para os profissionais pode ser muito doloroso saber que não poderão atender o mais profundo desejo do paciente, que é dar-lhes a sua cura física.

Quando a expectativa vem da própria equipe, a morte passa a ser vista como um fracasso. Deixam de perceber a vida que há na morte e como pode ser rico este estar junto com o paciente.

Neste caso, ocorre o que é possível de ser chamado de a morte interditada. Acontece geralmente de madrugada, quando o movimento no hospital é menor, na sala de UTI, na presença apenas da enfermagem e/ou do médico intensivista, mais preocupados com os procedimentos de emergência, em manter o paciente clinicamente vivo, do que em estar realmente com ele. Quando a morte ocorre, apesar dos esforços da equipe de socorro, o paciente é levado para fora da sala de UTI, coberto como se fosse para um exame e rapidamente levado ao necrotério. É como se o corpo agora sem vida incomodasse como um lembrete da derrota. Os hospitais seriam tão somente lugares para se nascer ou se curar, não para se morrer. Aí, a equipe sofre desgastes constantes, realizando batalhas contra a morte, como se a morte não fosse parte integrante da vida. A vida é vida sempre e o trabalho da equipe de saúde não é lutar contra a morte, mas a favor da vida com qualidade e dignidade.

A morte é vista como derrota ou fracasso em função do desejo de ajudar e curar, o que é muito louvável, mas também em virtude do conceito normalmente aceito do que seja cura.

Para a Psicologia Transpessoal, estamos sempre curando e nos curando em diferentes graus. O processo de cura é a própria transformação e como tal, é um ato contínuo e dinâmico, nunca estático. Cura e evolução estão interligadas, assim como existe a interligação de todos os seres e com o Universo, como uma rede que integra o pessoal e o transpessoal.

Há níveis diferentes de cura, assim como cura dos diferentes níveis: físico, emocional, mental ou espiritual, é a conquista de um equilíbrio destas dimensões. Como as engrenagens de um relógio, a cura de um nível promove também a cura de outro, já que estão relacionados. Por sua vez, a cura de um Ser auxilia a cura de outro e assim a cura do planeta. Curar, curar-se e curar-nos.

Isto significa que a cura não ocorre apenas no nível individual. Através das ligações do indivíduo com todos os outros seres, o processo de cura de um único ser tem ramificações que alcançam todo o planeta.

O mesmo acontece com o processo do adoecer. A doença começa em um nível e se expande para outro. Assim ocorre ainda com os conflitos. A cura ou resolução não se dá no nível em que foi criado o problema, é preciso ir a um nível acima e transcender.

Todo ser nasce com a possibilidade de ser feliz, saudável e se autorrealizar. A doença representa o bloqueio deste potencial e ao mesmo tempo, nos torna mais honestos e verdadeiros. Leva-nos à busca do essencial. Segundo Dethlefsen (1997) "a doença é o caminho que nos leva à cura e à perfeição". Antes que o problema se manifeste como sintoma, ele se apresenta na psique como tema, ideia ou fantasia. A morte também é um sintoma porque é expressão da polaridade e pode ser curada através da obtenção da Unidade, que só é possível quando o indivíduo se conscientiza dos aspectos ocultos de si mesmo que formam a sua sombra, os integra e descobre seu verdadeiro Self, tornando-se uno com o Todo. Para ele, "a sombra nos deixa doentes, o encontro com a sombra nos faz sarar".

A doença nos força a parar a rotina estressante da vida cotidiana, a tirar as máscaras da persona e ir ao encontro de nós mesmos, nos abrirmos para aquilo que somos realmente. Cria oportunidade de se fazer ligação com o Absoluto, Energia Criadora, com a fonte primordial de toda criação. A religação é importante para que a saúde se dê, e ela não é possível sem a dimensão essencial do Ser.

Para a Organização Mundial de Saúde, a saúde não é apenas a ausência de doença, mas um estado de completo bem-estar: físico, emocional, psicológico, social e espiritual. Então a saúde total do ser humano deve necessariamente considerar todas estas dimensões integradas e ainda, a saúde do próprio planeta, da casa em que se vive.

Leloup (1997) diz que "a doença consiste em viver em apenas uma parte de si mesmo; viver somente em sua cabeça, viver somente suas sensações, viver somente sua afetividade, viver somente da sua inspiração ou das suas revelações interiores". A saúde, ao contrário é plasmar a existência através da integração das quatro funções psíquicas, da bússola da psique: razão, emoção, sensação e intuição. Da integração destas quatro propriedades, se descobre o Self – centro de saúde. No encontro do Self com a dissolução temporária do ego ocorre a desidentificação do eu, não mais dominado pelo intelecto, pelas emoções, pelo desejo ou pelo corpo. Encontra o que Assagioli chama de Centro de Pura Autoconsciência ou Centro de Vontade. Para Assagioli (apud Walsh e Vaughan, 1997) "somos dominados por tudo aquilo com que nosso eu se identifica. Podemos dominar e controlar tudo aquilo de que nos desidentificamos".

No trabalho com pacientes graves, esta desidentificação é extremamente importante, porque intensifica o sentimento de ser, estar presente, de identidade, de possuir um centro de essência e excelência que sabe o caminho para a cura. Traz, enfim, o sentimento de existir além do corpo físico, além da doença e além da própria morte. Experienciar este centro traz a força, a sabedoria e a vida em toda a plenitude.

Sendo o homem um ser multidimensional, com recursos e possibilidades às vezes adormecidos, com a vivência deste centro unificador, ele toma de volta e desenvolve seu potencial de autocura: física, mental e espiritual, realizando sua Unidade Fundamental com o Cosmos. O trabalho de psicoterapeuta transpessoal não é o de curar a enfermidade, mas o de capacitar o paciente a descobrir e utilizar seus próprios recursos interiores visando um processo de cura ou de crescimento espiritual. É o toque terapêutico que reconduz o indivíduo em direção ao tão almejado estado de harmonia energética, reencontrando a cura física ou não.

Todavia, nem sempre este processo culmina com a cura de seu corpo físico. E existe uma beleza especial quando aquele que vai ao encontro da morte, faz a passagem saudável, curado em vários níveis. Tendo atingido o estágio da aceitação, segundo E. Kübler-Ross, há uma verdadeira entrega ao Mistério. Neste caso, apenas não deu tempo da cura chegar ao nível físico. Mas o Ser que deixa aquele corpo está desperto, pleno de vida e amor e tão são como talvez nunca tenha estado antes.

É possível, então, um acordo com a morte. A morte já não é uma inimiga a ser vencida. Curado do medo da morte, reconhecendo-se sua verdadeira natureza espiritual e ilimitada, pode haver uma morte curativa. O indivíduo, livre dos preconceitos, percebe-se sendo mais do que um corpo e ego limitados e fadados a morrer, mas sente que a própria vida é ilimitada, eterna, e a morte como uma passagem, um despertar para outra realidade.

Atingindo este nível da consciência, a magia se dá. Muitas vezes há o encontro com seres de luz que vêm recepcioná-lo, visões de beatitude e beleza, sensação de amor incondicional e pleno bem-estar. Estes fatos atestados por todas as tradições religiosas são corroborados nas pesquisas científicas como as de R. Moody Jr., E. Kübler-Ross e outros, através testemunhos de pessoas que passaram por EQM (experiências de quase morte). São também aceitos pela Psicologia Transpessoal, que utiliza a Cartografia da Consciência de Kenneth Ring e que considera que estas experiências fazem parte das regiões transpessoais da consciência.

Assim, o que na verdade existe é vida na morte e um parto de luz – o retorno do filho pródigo, que cresceu com a crise, transmutou-se, que aprendeu a amar a si, à vida e ao outro. Desta forma, a chave para a cura é o amor. O amor incondicional, Ágape, que é aquele que busca a aceitação e integração dos opostos, tornar-se uno com o Universo inteiro e por isto, ferramenta essencial para a cura e evolução do Ser.

Apresentação de um caso clínico

Tratamento de um paciente com câncer de pâncreas através da Psicoterapia Transpessoal e com uma adaptação do Programa Simonton.

* Anamnese criada pela doutora Maria Júlia P. Prieto Peres para o Instituto Nacional de Pesquisas e Terapia Vivencial Peres.

Resumo da anamnese: *Aspectos significativos relacionados à queixa*

I – Identificação

J.E.B., sexo masculino, 53 anos, branco, casado duas vezes, escolaridade média, comerciante, nível social médio, espírita, portador de doença oncológica no pâncreas.

Filosofia de vida: "É uma coisa nova, a vida que eu levei não valeu muito, a de agora é que vai valer. Eu não soube viver. Hoje a vejo diferente, em outro estágio, mais humana, menos problemática. Tem que levar de forma mais sossegada, respeitar e ser respeitado nos próprios limites. A vida é um direito divino. A maior motivação é a vida, valorizar ela".

II – Queixa e duração

Reclama sentir muita tristeza. Teve uma vida muito difícil (*sic*), passou muitas dificuldades. Agora não sabe como lidar com a doença.

Quer se melhorar, entender mais, não só a doença, que vê como uma consequência.

Nunca se submeteu a tratamentos psiquiátricos ou psicoterápicos.

III – HPPA (História Pregressa do Problema Atual)

Começou a sentir fortes dores há 8 meses. Submeteu-se a exames clínicos e laboratoriais, que não identificaram a origem delas.

Diagnosticado como pancreatite aguda, passou por uma cirurgia exploratória do pâncreas, há 5 meses. Biópsia de um nódulo, que não pôde ser retirado.

Atualmente, submete-se à quimioterapia e faz uso de várias medicações, entre elas: Endocid, Tramal, Voltaren e Lexotan. Faz ainda tratamento espiritual com um grupo especial para pacientes de câncer em um centro espírita que frequenta. Não nomeia o câncer, chamando-o de "a doença".

IV – Antecedentes pessoais

1- Concepção:

Acredita que não foi uma criança desejada, era o 5° filho e caçula de uma prole de 5, sendo os dois primeiros do sexo masculino e os dois seguintes de sexo feminino. Mãe dizia que o paciente "foi gerado na pinga", já que o pai era alcoólatra e ela submissa (*sic*).

2- Gestação:

Ignora as condições físicas da mãe durante a gestação, sabe que ela passou por muitas dificuldades financeiras e transtornos emocionais causados pelo marido, que quando alcoolizado, tornava-se violento.

3- Nascimento:

Nasceu em casa, na fase inicial com parteira japonesa. Posteriormente, tiveram que chamar o médico da cidade, pois o parto estava sendo demorado e primeiro saiu um braço, enquanto a mãe já se encontrava cansada.

O paciente informa que ao nascer o pai disse: "mais um soldadinho no mundo".

4- Desenvolvimento:

4.1- Alimentação:

Na infância: aleitamento natural até um ano de idade. Recorda-se de esporadicamente mamar aos seios das tias, ainda em fase de amamentação dos primos, "entrar na roda", até os 5 anos de idade, quando então disseram que ele era muito grande. Era viciado (*sic*) em leite e café.

Na vida adulta: alimenta-se bem, embora faça regime de tratamento. Sempre apresentou sensibilidade gástrica quando nervoso, o que pode configurar uma predisposição para doenças gástricas.

4.2- Sono:

Na infância: dormia bem, apresentava bruxismo e tinha sonho repetitivo de estar nu, amarrado em um poste enquanto pessoas passavam e olhavam, o que lhe dava vergonha. Repartia o quarto com irmãos.

Na adolescência: sono agitado, com muitos sonhos. Às vezes, tinha insônia e passava até 3 dias sem dormir.

Na vida adulta: Apresentava sono leve e agitado.Toma medicação (Lexotan) para dormir esporadicamente há 8 meses e diariamente há 3 meses.

4.3- Desenvolvimento físico-psicomotor:

Marcha e dentição normal. Mãe diz que o paciente "já nasceu falando". Não apresentou problema de fala, embora pense que falava muito errado, por causa do aprendizado cultural.

4.4- Manipulação e sintomas neuróticos na infância:

Usou chupeta até os 2 anos de idade, apresentava comportamento de birra e chorava até perder o fôlego. Usou na infância um travesseiro no meio das pernas para dormir e até hoje não dorme com qualquer travesseiro, porque o coloca cobrindo o rosto.

Ouvia muitas histórias amedrontadoras sobre lobisomem e ciganos que cozinhavam crianças em um tacho, contadas pela família. Tinha também muito medo da morte.

4.5- História do hábitat:

Sempre morou em zona urbana, em casa de alvenaria. Até um ano e meio, quando pais se separaram, morava com a família em uma casa de 10 cômodos, comprada com indenização recebida pelo pai por perder 3 dedos da mão em uma máquina de café e com a ajuda financeira do avô materno. A mãe alugava quartos para compor a renda da família.

Após a separação dos pais, foram morar com avós maternos, em uma "grande casa com uma família grande", onde acha que a mãe continuava submissa, cuidando de todos.

Aos 12 anos, mudou com a irmã e o cunhado, para outra cidade mais próxima de São Paulo. Brigava muito com cunhado. Meses depois o cunhado o trouxe para São Paulo, dizendo que faria curso de marcenaria no Senai, mas o deixou no Juizado de Menores, que o levou para a Febem, onde ficou quase 2 meses. Foi roubado, apanhou e passou muito medo. A família conseguiu localizá-lo e o prefeito da sua cidade de origem veio e o tirou de lá 3 dias antes do Natal. Ficou então sob a guarda de uma tia em São Paulo. Sentiu muita raiva da mãe, tornou-se revoltado e briguento, com muito medo da cidade. Sonhava voltar a morar no interior. Levou 15 anos para aprender a gostar de São Paulo.

Tinha raiva e pena do lado paterno da família – pobres e caipiras; tinha um misto de orgulho, raiva e inveja do lado materno da família – ricos e cultos e vergonha por ter menos.

4.6- Vida escolar:

Não houve dificuldades na vida escolar. Parou de estudar depois do colegial, porque tinha que trabalhar e não dava muita importância ao estudo. Voltou a estudar já casado. Iniciou uma faculdade de jornalismo, mas também abandonou o curso.

4.7- Vida social e de relacionamento:

Humor: instável, ansioso, preocupado e autodepreciativo. Aparenta estar sempre alegre, mas sente-se internamente muito triste, nada o deixa profundamente feliz. Vê-se como limitado, contido, pensa que "o mundo me limitou com muita porrada".

Seu controle emocional é regular e quando o perde, chora e esbraveja. Teme ser passado para trás, negado e rejeitado.

Relacionamentos: até os 9 anos, teve muitos amigos, brincava bastante. Depois desta idade começa a trabalhar. Na adolescência, teve namoros frequentes, os relacionamentos eram superficiais ou platônicos. Tinha poucos amigos em São Paulo, que ele considerava como cidade de passagem. Vivia sonhando com suas idas ao interior, onde pensava estar a verdadeira vida e amigos.

Conflitos com familiares:

- Pai: até os 5 anos era muito apegado ao pai. Sempre que o pai os visitava, chorava muito quando ele ia embora. Ouvia muitos comentários e zombarias a respeito do pai, sobre o alcoolismo e defeito na mão. Na adolescência, tinha muita vergonha, chegou a negar o sobrenome paterno. Na idade adulta, cuidou do pai, tinha muito afeto e pena.
- Mãe: na infância, tinha raiva por vê-la tão dependente e submissa.
- Irmãos: relacionou-se melhor com as irmãs. Teve problemas de relacionamento com o irmão mais velho na idade adulta.
- Cunhados: no início da adolescência brigava muito com o cunhado, que acabou deixando-o no Juizado de Menores.
- Avós e tios: como durante a sua infância vivia e dependia dos avós maternos, era obrigado pela mãe a aceitar tudo e "engolir as coisas". Mas também sente que era muito amado por todos.

Desenvolvimento do grau de independência: considera-se independente desde os 12 anos, quando comprou a primeira calça – "ninguém nunca vai me comprar uma calça".

Autoimagem:

- Qualidades Positivas: acessível, justo, prestativo, trabalhador, confiável.

- Qualidades Negativas: tenso, ansioso, apressado, autodepreciativo.

As pessoas o veem como bom e comunicativo, porém imediatista. Não gosta de ter estatura baixa e tem alguns preconceitos sobre a doença.

4.8- Vida sexual:

A iniciação sexual aconteceu aos 13/14 anos com prostitutas. Sente-se frustrado por não ter tido relacionamento sexual com uma mulher virgem, era "pecado" (*sic*).

4.9- Vida conjugal:

1º casamento: duração de 4 anos. Casou-se aos 26 anos, depois de um namoro de 4 meses. Foi traído pela esposa quando ela estava grávida de 5 meses. Manteve o casamento até quando a filha tinha 1 ano e meio, quando brigou com a esposa que havia batido na criança. Relata que os dois eram frustrados, esposa tinha dispareunia e ele não tinha desejo sexual por ela.

2º casamento: relaciona-se muito bem com a segunda esposa, inclusive sexualmente, respeitam-se e compartilham atividades. Admira-a como uma pessoa equilibrada, prestativa, determinada, responsável, trabalhadora e culta. Inexistência de relacionamento extraconjugal.

4.10- Filhos:

Tem uma filha de 24 anos, com a qual mantém bom relacionamento, embora ela more com a mãe. Sente-se frustrado por achar que não dá à filha tudo que merece. Tinha 30 anos quando a filha nasceu e sempre foi apaixonado por ela.

Tem uma enteada de 24 anos, com a qual se relaciona bem. Gosta muito dela, embora a considere mimada pela mãe. Desejaria ser mais próximo da enteada e sente-se muito respeitado pela mesma. Gostaria que a filha e a enteada fossem mais amigas, mas pensa que sejam muito diferentes entre si, embora haja bom relacionamento entre elas.

4.11- Constelação familiar:

Relações psicoafetivas na infância: experiências traumatizantes: ver várias vezes o pai caído na rua, bêbado. Ficar 2 meses na Febem.

4.12- Vida profissional:

Trabalhou desde os 9 anos de idade, primeiro como datilógrafo. Teve várias atividades profissionais e montou vários negócios. Sente-se frustrado porque pensa que "sempre deixei os outros ricos e eu não. Sempre procurei ter e perdia". Sonhava ser político em sua cidade natal, mas percebeu tanta corrupção e conchavos, que desmotivou-se. Quis muito ser radialista, mas não teve oportunidade.

Atualmente, não pode se dedicar integralmente à firma que mantém com um primo, por isto ela está sendo encerrada.

Gosta muito de atividades manuais ligadas à terra e com marcenaria. Pensa ainda em receber o dinheiro do seguro saúde e comprar um táxi, com o qual teria liberdade de horários e estaria em contato com muitas pessoas.

4.13- Dependências e hábitos:

Fumou durante cerca de 40 anos até 2 maços por dia. Deixou de fumar para poder trabalhar espiritualmente e porque estava com medo de câncer de pulmão.

Durante mais ou menos 7 anos (dos 30 aos 37 anos; fase em que o primeiro casamento ia mal e quando recém-separado) bebia demais, considerando-se alcoólatra. Ficava agressivo quando sob efeito do álcool; lembrava-se do pai, por isto parou.

4.14- Padrões morais, religiosos, em assuntos sociais e de saúde:

Frequenta um centro espírita, no qual faz cursos e participa de várias atividades religiosas e de assistência social, onde inclusive faz tratamento espiritual para a cura do câncer.

4.15- Gosto pela natureza:

Gosta de quase todas as opções de paisagens para exercícios de visualização e imaginação ativa, excluindo visualizações com o mar, o que lhe causa medo e com chuva cheia de ventania, porque se lembra de temporal que presenciou na infância.

V – Antecedentes patológicos familiares

Doenças físicas na família paterna: cirrose.

Doenças físicas na família materna: câncer, problemas cardíacos, diabetes.

Transtornos mentais na família paterna: alcoolismo e ignorância (*sic*).

Transtornos mentais na família materna: eram todos muito "nervosos" (*sic*).

VI – Antecedentes patológicos pessoais

Doenças comuns da infância.

VII – ISDA (moléstias específicas: interrogatório sobre os diversos aparelhos)

Sistema Nervoso Central: Cefaleia de média intensidade quando viaja muito e quando cansado. Miopia desde os 18 anos. Atual hipersensibilidade ao paladar e olfato.

Aparelho Digestivo: Dores gástricas e azias desde a infância atribuídas ao nervoso. Atualmente suas maiores queixas estão ligadas ao aparelho digestivo: câncer de pâncreas, azia, dores gástricas e abdominais, além de náuseas, vômitos, diarreia e soluços causados pela quimioterapia.

Aparelho Cardiovascular: Sentia taquicardia e palpitações antes do primeiro casamento, tendo feito tratamento. Causa provável: origem emocional.

Aparelho Respiratório: Teve sinusite há 20 anos. Tosse e escarros quando fumava.

Aparelho Genitourinário: Cólicas renais toda vez que tinha sentimento de perda. Teve cistites, infecções urinárias e gonorreia quando jovem.

Sistema Endócrino: nada a declarar.

Alterações da Pele; Tecido Subcutâneo; Sistema Linfático: Cicatrizes nas pernas, braços e mão, causadas por quedas infantis e na barriga causada pela cirurgia.

Sistema Músculo-Esquelético: nada a declarar.

Alergias: camarão e molhos condimentados.

Colagenoses, acidentes, deficiências físicas, traumatismos e segmento cefálico: nada a declarar.

Cirurgias e tumores: cirurgia exploratória e tumor no pâncreas.

VIII – Comportamento em relação à doença

O paciente, em geral sente mágoa, medo, desânimo, frustração e às vezes, compreensão e autocomiseração.

Observação: No início do tratamento, o paciente não suporta a palavra "câncer", referindo-se sempre à "doença".

IX – Exame físico

Peso e altura compatíveis (IMC= 23,7); pressão arterial: normal; estado geral de nutrição: bom.

X – Exame mental

1- Atitude e aspecto geral:

1.1- aparência: boa
1.2- vestuário: simples
1.3- atitude frente ao exame:
- contato: próximo e fácil
- participação: ativa
- conduta: amigável, cooperadora, confiante e amorosa.
- comentários sobre a entrevista: favoráveis

1.4- mímica (fácies): triste e às vezes chorosa
1.5- olhar: direto

1.6- higiene pessoal: adequada

1.7- estimativa de idade aparente x idade cronológica: aparenta ser um pouco mais jovem do que idade cronológica.

2- Consciência:

2.1- vigilância: atenta ou normal
2.2- consciência de realidade objetiva: sim
2.3- consciência de estado mórbido: sim

3- Afetividade:

3.1- Humor: instável
3.2- Afeto: sentimentos e emoções lábeis
3.3- Afetos depressivos: angústia, desânimo e apatia
3.4- Afetos expansivos: momentos de alegria, animação e esperança
3.5- Expressão afetiva: lábil

4- Alterações patológicas de exteriorização das necessidades superiores: Imediatismo, perfeccionismo, rigidez, insegurança e prodigalidade.

5- Orientação: autopsíquica, alopsíquica, espaço-temporal: presentes.

6- Atenção: sem alteração

7- Pensamento: conteúdo e curso: normal; forma: agregado

8- Juízo: juízo social e crítico: sem alterações

9- Imaginação: fantasia, imagem onírica e mnêmica

10- Linguagem: sem alteração

11- Sensopercepção: sem alteração

12- Psicomotricidade: sem alteração

13- Memória: sem alteração

14- Mecanismos de defesa

14.1- Principais: repressão, negação, racionalização, projeção, formação reativa e somatização
14.2- Defesa contra afetos: evitamento e deslocamento
14.3- Outros: culpabilidade e inferioridade
14.4- Defesa predominante: repressão e somatização

XI – Exames complementares trazidos pelo paciente

Não foram trazidos exames complementares.

XII – Exames complementares solicitados

Não foi solicitado qualquer exame complementar. Foi obtida, com a autorização do paciente, uma entrevista do terapeuta com o médico oncologista que o atende, o qual garantiu que o mesmo estava em condições físicas e emocionais para submeter-se ao processo psicoterápico que iria beneficiá-lo no curso do tratamento.

XIII – Diagnóstico

Sindrômico: O paciente apresenta dores gástricas e abdominais diárias e constantes, azias, condizentes com o câncer de pâncreas, além de náuseas, vômitos, diarreia e soluços em reação às sessões de quimioterapia. Apresenta ainda, tristeza, frustração e medo da morte e de vir a sentir dores insuportáveis, gerando um quadro de depressão e ansiedade.

Nosológico: O paciente apresenta Neoplasia Maligna do Pâncreas (C25.0); quadro de depressão moderada com sintomas somáticos (F32.1.11); transtorno misto de ansiedade e depressão (F41.2); e transtorno de personalidade dependente (F60.7) pela CID-10 (Classificação Internacional de Doenças).

Psicodinâmico: O paciente evidencia traços de personalidade dependente, isto é, tem uma autoimagem carente, submisso e dependente, começando no início da idade adulta e presente em vários contextos. Sente-se ameaçado, traumatizado pelo medo de abandono e rejeição. Tem dificuldade de iniciar e concluir projetos e sente-se arrasado com o fim de relacionamentos, por isto subordina-se e esforça-se pela aprovação de figuras consideradas mais fortes. Apresenta ainda um quadro de depressão e ansiedade de separação, tendendo a mostrar-se passivo, apagado e dócil, suprimindo as próprias necessidades e desejos para evitar conflitos. Como convive com o medo de rejeição, abandono e morte, apresenta frequentemente angústia e ansiedade.

Traços Predominantes de Personalidade: O paciente apresenta traços de dependência, ansiedade e evitação.

Greenberg e Dattore (apud Beck e Freeman, 1993) constataram que homens que desenvolviam um transtorno físico (câncer, tumores benignos, hipertensão ou úlceras gastrintestinais) tinham alto escores pré-mórbidos relacionados à dependência. Vaillant (idem) e Hinkle (idem) também encontraram relação entre traços de personalidade dependente e uma predisposição à doença.

Apresenta-se também como sendo uma pessoa com o Tipo C de comportamento, descrito por Lidia Temoshok (apud Carvalho, 1997), o qual tem grande dificuldade de autoafirmação, raiva não expressa, supressão de afetos, ditos negativos e uma frágil homeostase com o mundo. O paciente é ainda, não assertivo, cooperativo e conciliador.

XIV – Terapêutica indicada

Psicoterapia de Abordagem Transpessoal com uma adaptação para aplicação em consultório do Programa Simonton para tratamento de câncer.

Acompanhamento médico com oncologista clínico.

Resumo da Evolução Clínica

O paciente foi atendido durante 25 sessões no consultório, realizadas semanalmente, com duração de 2 horas; 1 sessão realizada durante visita ao hospital, onde o mesmo encontrava-se internado; e 1 visita domiciliar, durante a qual o mesmo alternava períodos de consciência com períodos de inconsciência. Nesta ocasião, foi também atendida a família do paciente para preparação para a morte e o luto. Poucas horas depois, o paciente entrou em coma, tendo sido levado de sua casa à UTI do hospital, onde veio a falecer no dia seguinte.

No curso do atendimento, respondeu muito bem ao tratamento, tendo tomado decisões significativas para sua vida e alcançando boa qualidade de vida até 15 dias antes do seu falecimento. Manteve relacionamentos saudáveis, resolveu pendências afetivas e financeiras, exerceu atividade profissional temporária e lidou com a dor através de relaxamento e com medicação efetiva (Dimorf). Nas 2 semanas que antecederam seu falecimento, não apresentou mais dor e pôde conversar a respeito da própria morte e seus significados.

TÉCNICAS UTILIZADAS

Se pretendemos dotar de eficácia a nossa ciência da saúde mental, os psicoterapeutas terão de equilibrar o conhecimento que têm das técnicas e conceitos psicológicos com uma consciência contemplativa.

Medard Boss

Para a Psicologia Transpessoal o processo psicoterápico é realizado em sete etapas fundamentais e o mesmo acontece com cada sessão, com o objetivo de ajudar o indivíduo a "desenvolver a capacidade de assumir responsabilidade por si mesmo no mundo e nos relacionamentos pessoais (...) e possibilitar a cada pessoa o atendimento adequado de necessidades físicas, emocionais, mentais e espirituais, segundo as preferências e as predisposições individuais" (Vaughan apud Walsh e Vaughan, 1977). As necessidades de ordem superior, ligadas à autorrealização, devem ser atendidas. Para isto, o terapeuta transpessoal pode usar técnicas terapêuticas tradicionais, assim como meditação, relaxamento e outros exercícios de percepção.

No presente caso, todas as sessões seguiam os sete passos da psicoterapia transpessoal: reconhecimento, identificação, desidentificação, transmutação, transformação, elaboração e integração dos conteúdos trazidos para a sessão. Durante a anamnese, realizada em 6 sessões, era reservado um tempo em cada sessão, para ser trabalhado algum aspecto suscitado pela própria anamnese ou para a aplicação de algum exercício específico.

Foram utilizadas de forma intercalada as cinco classes de técnicas transpessoais: intervenção verbal, imaginação ativa, reorganização simbólica, técnica de dinâmica interativa e recursos adjuntos, como meditação e relaxamento entre outros; e o programa Simonton, adaptado para uma abordagem transpessoal, de maneira que, em estado ampliado de consciência, houvesse a transformação, a elaboração e a integração da vivência.

Intervenção verbal

O nível de intervenção verbal é representado por toda gama de verbalizações que ocorre durante a sessão e permeia todo o processo terapêutico. Acontece desde a acolhida do paciente na sessão inicial, no estabelecimento do contrato terapêutico e em todas sessões subsequentes. As intervenções refletem muito o trabalho que o terapeuta faz consigo mesmo, lembrando sempre que neste nível, a comunicação inconsciente é intensa e que aspectos contratransferenciais do terapeuta, verbais ou não verbais serão, de alguma forma, percebidos pelo paciente.

O trabalho do terapeuta é facilitar para que o paciente possa encontrar uma organização mais saudável para sua vida, na sua verdade própria. O terapeuta pode, sem interpretar, clarificar, sinalizar, reformular, comentar, explorar, evidenciar relações entre os dados e temas significativos, favorecendo ao paciente a própria interpretação dos significados e motivações de seu comportamento. O terapeuta deve ser claro, conciso, assertivo. Ser, enfim, um instrumento facilitador e catalizador para a manifestação do eixo evolutivo no paciente através da Ordem Mental Superior (referências no Anexo 1), do seu núcleo sadio, auxiliando-o a reencontrar seu terapeuta interno e reestruturar seu equilíbrio danificado.

No presente caso, ficou estabelecido no contrato terapêutico com o paciente J.E.B. que as sessões seriam semanais, com cerca de 2 horas de duração. A anamnese utilizada foi criada pela doutora Maria Júlia M. Prieto Peres para a Terapia Regressiva Vivencial Peres (TRVPeres) e aplicada segundo as normas constantes da mesma. É uma anamnese muito detalhada e bastante extensa; abrange todo o histórico de vida do indivíduo, assim como os antecedentes patológicos pessoais e familiares, e cujo resumo consta deste trabalho. Tal anamnese permite não apenas o levantamento de dados patológicos, mas também dos dados sadios, da força e dos recursos que o paciente já possui e que servirão de base para a transformação necessária. Busca-se descobrir o Ser sadio por traz da queixa, por isto, a correlação entre os tópicos, sinais e sintomas e tudo o que o paciente traz é importante, seja a fala, os gestos, expressões faciais ou emoções manifestas.

Ainda no contrato terapêutico foram trabalhadas as expectativas do paciente quanto à terapia, o limite, o alcance e a forma do trabalho a ser realizado.

No nível de intervenção verbal está também a indicação de especialistas que se fizessem necessários. No curso deste processo psicoterápico foi necessário fazer um encaminhamento para tratamento específico de controle da dor. Portanto, o paciente foi orientado a buscar auxílio na Clínica de Dor do Hospital das Clínicas da FMUSP, onde foi medicado com Dimorf, que manteve a dor em um nível aceitável para a continuidade de todas as suas atividades.

Imaginação ativa

Os exercícios de imaginação ativa, termo cunhado por Jung, consistem na utilização de imagens mentais, que são, segundo esse autor, a linguagem da intuição. Promovem um contato mais profundo com os processos intuitivos e emocionais, ampliando a compreensão e a percepção da realidade. Os exercícios de imaginação ativa estimulam a manifestação do eixo evolutivo, a presença da Ordem Mental Superior e despertam aspectos saudáveis do próprio indivíduo, sua natureza superior e sua relação com o cosmos.

As imagens mentais têm o poder de afetar a saúde, ativando processos de autocura e controle dos sintomas, causando a diminuição de estresse e aumentando a adesão ao tratamento, por isto são usadas como recurso terapêutico para tratamento de diversas patologias, como o câncer, alergias, doenças autoimunes e outras. Assim como a intuição, as imagens mentais constituem um tipo de pensamento não lógico que favorecem o contato com o mundo interior e com a fonte de recursos internos. Na Psicoterapia de Abordagem Transpessoal são comumente usadas, não apenas para auxiliar no tratamento da saúde física, mas também no desenvolvimento do Ser integral – biopsico, sócio, espiritual e cósmico.

Epstein acredita que o trabalho no imaginário mental exerce um efeito regulador sobre o funcionamento físico, emocional e intelectual. Diz que a imaginação é a "luz interna da mente" e funciona como um processo de autotransformação e de autotransmutação. A imaginação estimula a criatividade e promove o acesso a outros níveis de realidade, que não estão presos ao tempo linear nem ao espaço físico. Segundo Epstein há quatro etapas no processo de visualização: a intenção, que corresponde ao desejo; o aquietamento, que é o relaxamento interior e exterior; a limpeza, que significa livrar a mente de pensamentos negativistas e de tensão; e a aceitação da mudança, permitindo que o fluxo de imagens ocorra e traga com ele as modificações possíveis e necessárias. Para ele o trabalho com imagens mentais em estado ampliado de consciência é o método de cura mais antigo que existe, além de ser o melhor meio de aumentar a fé e a confiança em si mesmo. Acredita que ao se trabalhar com a imaginação, estimula-se o eixo vertical, que é o caminho da liberdade e da cura. Em Psicologia Transpessoal, este eixo vertical é o eixo evolutivo, que traz consigo a Ordem Mental Superior, manancial de recursos interiores.

O programa proposto por Simonton tem como técnica central o uso de visualização ou de imagens mentais para ativar o sistema imunológico, para modificar crenças e padrões negativos de pensamento e como adjuvante no estabelecimento de metas e objetivos de vida. Embora não haja estudos conclusivos da eficácia do uso de imaginação ativa na cura ou no aumento do tempo de sobrevivência ao câncer, existem evidências de que a sua utilização reduz as perturbações decorrentes da doença, auxilia no controle dos sintomas e diminui o estresse, que por si só já é um fator de risco na supressão do sistema imunológico.

Para a Psicologia Transpessoal a imaginação ativa pode ser usada como exercício psicoespiritual ou de meditação, que potencializa aspectos da consciência de vigília trazendo um nível de consciência diferenciado, atemporal e intuitivo, estimulando aspectos saudáveis do próprio indivíduo, sua natureza superior e aumentando sua percepção de relação com o todo. Favorece também a expressão e a expansão da criatividade.

No presente caso foram utilizados os seguintes exercícios de imaginação ativa: a fonte, o sábio, o desabrochar da rosa, a pirâmide, o templo da saúde e outros. Cada qual pode sofrer variações de acordo com a sensibilidade do paciente, com o intuito que se deseja alcançar naquele momento, e com o manejo do terapeuta. Por exemplo:

- *Fonte*: traz a vivência de limpeza física e psíquica, sendo por isto, muito útil no tratamento de doenças. Estimula o espiritual e traz renovação.
- *Desabrochar da rosa*: promove a sensação de ser cuidado como todos os seres e que esta energia essencial está dentro do indivíduo. Desenvolve e estimula o nível espiritual.
- *Sábio*: auxilia a despertar a parte mais saudável e amorosa do próprio Ser. Estimula o nível espiritual. Usado de forma interativa, ajuda a organizar conteúdos.
- *Pirâmide*: favorece o desenvolvimento e estimula o nível espiritual, integra o nível corporal e traz energia.

Todos estes exercícios, assim como os seguintes de reorganização simbólica, constam e são explicados melhor no livro *A Psicoterapia Transpessoal* da doutora Vera Saldanha e treinados no curso de formação e especialização em Psicologia Transpessoal.

Reorganização simbólica

A reorganização simbólica é uma classe de técnicas transpessoais que facilita a organização de metas e o direcionamento de aspectos do psiquismo. São exercícios que têm como função estimular a motivação, criar perspectivas e metas futuras, despertar para o significado da vida, ampliando a percepção do todo. Favorecem ao indivíduo dar vida às imagens mentais de realização, acionando a intuição e os processos psíquicos, com a finalidade de transformar estas imagens em ações. Sua aplicação requer um manejo dinâmico e habilidade do terapeuta. São exemplos destes exercícios:

- *Bússola da psique*: Favorece desidentificação e elaboração de conteúdos através da utilização do r.e.i.s. (razão, emoção, intuição e sensação), como focalizadores do "eu" ou da situação de conflito, com o intuito de promover uma mudança pela atualização dos níveis superiores. Neste caso, o câncer foi colocado como situação de conflito.
- *Morte simbólica ou Roteiro de vida I*: Simonton trabalha com a segunda parte deste exercício e chama-o de "Lidando com o medo da morte". Auxilia no processo de desidentificação, desapego, elaboração e reorganização de conteúdos.

Através de uma vivência imaginária da morte e seus rituais, exploram-se as cinco etapas propostas por E. Kübler-Ross (negação, raiva, barganha, depressão e aceitação), trazendo à consciência as metas e mudanças desejadas e que poderão ser agora efetuadas.

Na Psicoterapia Transpessoal, trabalha-se em um nível imaginário com situações que antecedem o nascimento, contatando com o planejamento de vida, quais as metas e tarefas a serem executadas e quais as virtudes a serem desenvolvidas. Percorre os fatos significativos positivos e negativos até o momento atual e prossegue-se até o término do tempo de vida planejado, com a morte. Imaginam-se todos os pensamentos, sentimentos, emoções e intuições que acompanham a morte, e a elaboração de todas as etapas. Estando no pós-vida, faz-se uma revisão da vida e o planejamento de novas metas e objetivos a serem alcançados, voltando-se ao momento atual.

No caso de pacientes com câncer, a suposta morte pode ser imaginada ocorrendo no dia presente, deixando assuntos inacabados, já que sobre o dia de hoje ele tem controle e prossegue-se conforme o roteiro, ou ainda pedir que ele imagine a morte onde, da forma e na idade desejada. Em ambas situações é importante fazer uma revisão acerca de suas crenças sobre a morte e o morrer, de maneira que abrande seu medo, sobre seus valores pessoais, revisar a forma pela qual ele tem vivido e se propor a fazer modificações saudáveis, que uma vez feitas, trariam novo significado e energia à sua vida.

- *Roteiro de vida II*: Obtém-se a reorganização de conteúdos, desenvolve canais de percepção e expressão, e promove o desapego. Este exercício pode ser vivenciado através de dramatização, utilizando barbantes, almofadas, papéis, o que traria maior manejo terapêutico ou em um nível imaginário vivencial.

Pode ser usado como roteiro para o ano, semestre, semana ou mesmo para o dia, o que reorganiza pequenas tarefas diárias. E isto é muito importante para o paciente de câncer, porque desenvolve um controle sobre sua vida.

Pede-se que o indivíduo imagine um tempo de vida biológica que ele gostaria de ter, subdivida-a a cada sete anos desde o seu nascimento, colocando os fatos significativos ocorridos até o momento da morte e o que a antecede. Percepção do pós-morte e revisão de vida tal qual no exercício anterior e estabelecimento de novas metas, assim como os passos necessários para executá-las.

- *Revendo metas existenciais*: Favorece a desidentificação, a elaboração de mágoas e ressentimentos, mudança de percepção e a obtenção de recursos.

Após uma sensibilização com relaxamento, sugere-se visualizar um local da natureza onde há um encontro com quatro elementos que são: árvore, rosa, leão e coruja. A partir deste encontro perceber o que é possível aprender e o que cada elemento pode ensinar. Depois disto, sugere-se um encontro com um conselheiro de profundo conhecimento, um guia interior e o acesso a uma experiência de mágoa ou ressentimento, trazendo à mente a própria experiência ou a pessoa que causou este ressentimento. Neste contato apreender o sentido desta experiência e qual o aprendizado obtido com esta situação.

Trabalha-se neste exercício com núcleos de apegos, favorece-se o processamento da aprendizagem e a elaboração de novas metas de vida a serem realizadas nos próximos cinco anos, vendo-as projetadas no caminho de luz da pessoa. No caso do paciente oncológico, como no presente caso, tem sido trabalhado com um tempo menor, por exemplo, seis meses.

Em seguida, leva-se a pessoa a dirigir-se até a grande luz universal, estar nesta luz e retornar pleno e abastecido de energia, em harmonia consigo e com as novas metas. Em todos os casos e mais especificamente no caso do paciente com câncer, esta vivência traz a sensação de inteireza e integridade, de não estar sozinho, de senda ou caminho evolutivo ou de aprendizagem e de ser cuidado.

Nível interativo

No nível interativo há um manejo terapêutico intenso dos exercícios, portanto é um trabalho que exige muito mais preparação e formação clínica do terapeuta. É importante que o próprio terapeuta tenha se submetido aos exercícios, para desenvolver habilidade, perspicácia e atenção em cada etapa, estando ressonante aos diferentes estados de consciência que ocorrem na aplicação.

A dinâmica interativa possibilita o aprofundamento e a elaboração dos conteúdos trazidos pelo paciente, através de sete etapas específicas, sensibilizadas em um nível imaginário vivencial. As etapas podem ocorrer de forma bem definida ou acontecer de forma concomitante. Outras vezes, pode ocorrer a fixação em uma das fases, como por exemplo, no estágio da desidentificação, e daí ser necessário trabalhar muitas sessões até que o indivíduo possa se abrir para o eixo evolutivo e sentir a presença da Ordem Mental Superior em sua vida.

A dinâmica interativa pode ser estabelecida por diferentes exercícios, como os de imaginação ativa com a utilização de diálogos internos, jornadas de fantasias, psicodrama interno, exacerbação do sintoma, personificação, representação simbólica, objetivação do conteúdo, grafismo, regressão de memória, psicodrama transpessoal e outros.

Esse nível de exercícios possibilita atingir em cada sessão, *insights* e modificações profundas. Nos três primeiros estágios está mais presente o eixo experiencial, nos consecutivos começa se delinear o eixo evolutivo, até aparecer claramente no estágio de elaboração. As sete etapas que acontecem são as seguintes:

1. *Reconhecimento:* O indivíduo não entende bem o que está acontecendo com ele, emerge uma sintomatologia específica, sente o desconforto, manifesta emoções difusas, como a angústia, tristeza ou sensações de vazio ou dor. É o momento em que o terapeuta acolhe o paciente, repete frases significativas, encoraja-o a prosseguir até a origem ou causa, para clarificar o que está nebuloso e reconhecer o que está confuso.

2. *Identificação:* Fase em que a dinâmica psíquica é explicitada, os núcleos de apego ficam evidentes, o conflito aparece e contextualiza-se o sintoma, facilitando a identificação. Ocorre a catarse ab-reativa, liberando emoções de forma intensa, corporalmente e textualmente, até alcançar a catarse de integração. É importante lembrar que os conflitos possuem uma carga emocional reprimida e que geram sintomas físicos e psíquicos. Com a catarse, há uma modificação neste campo de energia dinâmica. Neste momento, o indivíduo começa a livrar-se da negação e entra na etapa de desidentificação.

3. *Desidentificação:* Depois de ter feito o reconhecimento, ter experenciado a identificação, nesta fase o indivíduo começa a tomar distância, ver mais claramente o que estava difuso. Traz elementos opostos para facilitar a desidentificação, percebe associações, desconecta-se do sintoma. Cria-se um canal, um espaço receptivo para que possa ocorrer, então, a etapa de transmutação.

4. *Transmutação:* É o momento de ebulição psíquica, com acesso a vários níveis de realidade. O indivíduo passa da situação de apego ao alívio da libertação. Os vários *insights* chegam à consciência. Há constatação de aspectos de sombra e luz, do transitório ao perene. É o instante no qual os vários níveis de consciência estão interagindo na passagem do conflito para a solução. O supraconsciente emerge, trazendo condições para a entrada na fase seguinte. É o momento da alquimia, rico, repleto de possibilidades.

5. *Transformação:* Ocorre a integração de sombra e luz, o essencial e o mutável, o circunstancial e o perene. Aparece o elemento novo e a percepção do conflito anterior já está então modificada. A situação atual é percebida diferentemente. A mente apresenta uma mudança de direcionamento, favorecendo a elaboração.

6. *Elaboração*: Há o processamento dos *insights*, com uma apreensão global e uma percepção mais ampla da realidade. O sentido da experiência aparece. É a presença do eixo evolutivo e da ordem mental superior. O individuo percebe a situação atual como outra, seu estado mental e emocional está modificado e ele sente-se então em um novo estágio evolutivo.

7. *Integração*: Todo o processo é integrado e o indivíduo sente-se mais seguro e confiante, integrado em si mesmo e na relação com o Universo, como parte da rede evolutiva. É o momento da libertação do Ser, do seu renascimento. Pode então planejar as novas metas a serem alcançadas e os passos para a consecução delas, a partir de novos valores e crenças, com novas percepções. Percebe o momento atual como o mais importante de sua vida e de sua evolução.

Embora estas etapas ocorram em cada sessão, este também é o processo da terapia como um todo, desde o momento em que o paciente chega ao consultório até a sessão de alta, como conclusão do processo psicoterápico.

O caráter experiencial da Psicoterapia Transpessoal permite o acesso a vários níveis de consciência, vivenciar e desenvolver o terapeuta interno, sua parte mais sábia, encontrar e transmutar a sombra, atingir o superconsciente, facilitando a integração das funções psíquicas: razão, sensação, emoção e intuição, e o resgate da unidade cósmica.

O nível interativo é intensamente utilizado nas sessões, na própria conversa com o paciente como parte dinâmica do processo, evidenciando sempre o eixo experiencial e o eixo evolutivo, propiciando a manifestação da Ordem Mental Superior.

No presente caso, foram utilizados de forma interativa: grafismo, diálogo com o self transpessoal, uma sessão de regressão de memória à primeira infância e os próprios exercícios do programa Simonton, como o desenho das células cancerosas.

Nível auxiliar ou adjunto

São recursos de autodesenvolvimento como as técnicas de meditação, de contemplação, exercícios de respiração, relaxamento e visualização e outros, que podem ser utilizados pelo paciente em casa ou mesmo depois do fim do processo terapêutico. São recursos positivos que podem ser utilizados inclusive em problemas orgânicos, fortalecendo o sistema imunológico. Fazem também parte deste nível adjunto os trabalhos com imagens do doutor Gerald Epstein (1990 e 1998), caminhadas, trabalhos corporais como a técnica Radix, yoga e automassagem.

Os exercícios de relaxamento físico e mental podem ser facilmente aprendidos pelo paciente e utilizados em qualquer ambiente ou situação. Ocasionam mudanças psiconeurofisiológicas, tais como: distensão muscular, diminuição das frequências cardíaca e respiratória, diminuição da ansiedade e do sofrimento e alívio das dores. Através do relaxamento, o paciente é levado a um estado ampliado de consciência. Por isto, é uma das técnicas mais utilizadas no tratamento. Têm ainda a vantagem adicional de não acrescentar custos ao paciente e ficar sob controle dele onde e quando praticar. E isto se torna significativo quando se trabalha para desenvolver ou devolver a autonomia do paciente.

Uma das técnicas de relaxamento mais utilizadas é o relaxamento muscular progressivo de Jacobson, que consiste em conduzir o paciente a focar a atenção, tensionar e relaxar vários grupos musculares em sequência. Com isto, liberando a tensão, ele adquire a sensação de relaxamento e percebe seu controle sobre o corpo.

É possível a utilização de materiais de áudio de relaxamento encontrados no mercado, como por exemplo, "*Autohipnosis para recuperar tu fuerza de vida*" de autoria de Tereza Robles ou "*Indução de Relaxamento e Trilha Hipnótica*", INPTVP, SP, da doutora Maria Julia P. Peres, este último com a vantagem de se encontrar em português e ser de simples manejo. Pode-se, ainda, usar gravações com a voz do terapeuta, o que traria maior eficácia clínica pela individualização e pelo próprio vínculo terapeuta-paciente.

O trabalho com este nível favorece o próprio processo psicoterápico, auxilia na disposição física e mental, aumenta a percepção da realidade, além de outros benefícios. O simples fato de prestar atenção na linguagem do seu corpo, em si mesmo e nas suas relações com o mundo, pode levar o indivíduo a melhoras significativas.

O Programa Simonton

O programa de abordagem psicoterápica ao paciente oncológico, conhecido como Programa Simonton, surgiu a partir das observações e dos estudos realizados pelo radioterapeuta americano Carl Simonton e por sua esposa Stephanie, psicóloga. Estas observações mostraram que as atitudes, pensamentos e sentimentos podem influenciar a saúde física de algumas pessoas. Criaram então um programa que visa, através de técnicas de relaxamento e de visualização, mobilizar a vontade de viver dos pacientes oncológicos.

No Brasil, este programa foi introduzido pela doutora Maria Margarida Carvalho com algumas modificações, para que melhor se adaptasse à cultura brasileira. Atualmente, o programa vem sendo ensinado no curso de especialização e treinamento em psico-oncologia, realizado pelo Instituto Sedes Sapientae de São Paulo, ou em módulos, sob orientação, supervisão e direção da Sociedade Brasileira de Psico-Oncologia.

Para Simonton, a doença diz respeito à pessoa como um todo, corpo e mente, e o estado emocional é um fator influenciável pela doença e também influi na sua piora ou recuperação. Não há uma causa isolada para o aparecimento do câncer, assim como sua cura não depende de um só aspecto do tratamento. A existência de diversos fatores de risco como dieta alimentar inadequada, predisposição genética, irradiação, exposição a substâncias químicas ou nocivas, fatores ambientais não explica por que alguns indivíduos desenvolvem câncer e outros, não.

O que se sabe é que células cancerosas às vezes surgem no organismo devido à ação de agentes externos ou talvez até, por uma divisão celular anormal, e são neutralizadas pela defesa natural do corpo, que é o sistema imunológico. Esta defesa contra qualquer coisa estranha ao próprio organismo é tão poderosa que se torna um problema, quando se trata de transplantes de órgãos, já que o sistema imunológico não os reconhece, e não os reconhecendo, rejeita-os. No entanto, uma queda no sistema imunológico predispõe o organismo ao aparecimento de doenças, diminuindo a sua capacidade de responder efetivamente aos ataques virais, de bactérias ou de destruir as células defeituosas.

Simonton afirma que existe uma forte evidência da relação entre estresse emocional ou crônico, e o aparecimento de doenças. Para ele, níveis elevados de estresse suprimem o sistema imunológico, além de causar um desequilíbrio emocional, que aumentaria a produção de células cancerosas, justamente quando o corpo está mais suscetível e menos capacitado para combatê-las.

Por outro lado, baseando-se nestas evidências da inter-relação corpo/mente e emoções, abre-se a perspectiva de um trabalho preventivo. Se as respostas emocionais inadequadas ao estresse podem criar a suscetibilidade do organismo à enfermidade, câncer inclusive, o contrário pode ser verdadeiro. Fatores estressantes podem e realmente ocorrem com todas as pessoas; o que varia de indivíduo para indivíduo é a forma como se lida com eles, depende da interpretação pessoal que se dá a estes eventos. Desta interpretação vai depender a resposta que resultará em desequilíbrio emocional ou não. Isto significa que para manter a saúde, é preciso necessariamente auxiliar o indivíduo a encontrar respostas mais adaptativas e bioecológicas para as situações estressantes.

Ora, o próprio diagnóstico de câncer leva a um aumento dos níveis de estresse, o que viria a sobrecarregar ainda mais o organismo. O câncer, embora seja curável em uma maioria dos casos, e em outros, tratável, ainda tem o estigma de doença terminal. E o que aqui interessa é o quanto é possível minorar as situações de estresse, diminuir o desamparo e a desesperança, modificar crenças e convicções, auxiliar o indivíduo a praticar mudanças que tragam de volta o sentido de vida. Para que tal fato ocorra, fazem-se necessárias modificações também na forma que o indivíduo lida com as suas emoções. Emoções consideradas negativas como a raiva, a inveja e o ressentimento, muitas vezes não são ao menos reconhecidas pelo indivíduo. E é impossível mudar aquilo que não se identifica. Para Simonton, o câncer está intimamente ligado à negação da raiva. O indivíduo não apenas evita falar sobre ela, muitas vezes se nega a senti-la.

A negação e a repressão das emoções de raiva, ressentimento ou medo inclusive, não faz com que elas desapareçam, mas as impedem de serem transformadas e transmutadas. Elas continuam presentes gerando uma carga ou campo energético negativo. O trabalho no nível interativo com suas sete fases favorece desde o reconhecimento até a integração destas emoções.

O medo é talvez uma das emoções mais atávicas do homem. Pode paralisar e impedir o indivíduo de viver em sua plenitude. Pode protegê-lo contra as agressões, tornando-o mais cuidadoso, mas quando não trabalhado e excessivo, não o impede de morrer, só de viver.

O ser humano diversas vezes ouve durante a vida que ter raiva ou inveja, por exemplo, é muito ruim e vergonhoso. Como se a raiva ou a inveja fossem o inverso do amor. Leloup diz que o inverso do amor não é o ódio ou a raiva, mas o medo que gera falta de fé em si e no poder do Absoluto.

A inveja, quando transmutada e transformada pode ser o incentivo ao crescimento. A energia da raiva, quando bem canalizada, é tremendamente útil para a proteção da integridade ou para a transformação. Apenas como referência, a energia de raiva que move o assassino, o açougueiro e o cirurgião, é a mesma. Um a usa para destruir, outro a transforma em trabalho útil para a sociedade em que vive e o terceiro, por ter tido condições físicas, mentais e emocionais, usa o mecanismo de defesa mais elaborado segundo Freud, a sublimação. Agora, esta mesma energia é sublimada e utilizada para curar, é revertida em favor da vida.

O Programa Simonton foi utilizado no processo psicoterápico, entremeado entre as sessões convencionais de Psicoterapia Transpessoal. Procurou-se seguir uma adaptação da técnica desenvolvida pela doutora Maria Margarida Carvalho para atendimentos de grupos, para o Cora – Centro Oncológico de Recuperação e Apoio.

Nesta adaptação foram incluídas outras técnicas da Psicoterapia Transpessoal e feitas as seguintes modificações mais significativas: condensação do tempo de aplicação; espaçamento entre as sessões de aproximadamente 15 dias entre uma técnica e outra, incluindo neste meio tempo a inserção de exercícios de técnica transpessoal que facilitassem o processamento ou fortalecessem outros aspectos; exclusão do trabalho corporal com a técnica Radix; inversão de ordem – o trabalho com o "guia interno", "o sábio" foi feito logo na segunda sessão, reforçando o sentimento de possuir uma sabedoria interior, que o guiou até ali e que sempre estava presente, podendo ser acessada a qualquer momento.

A aplicação foi feita em sete etapas, em sessões com duração de duas horas, que se iniciavam com um diálogo e explicação do planejado para aquele momento, seguidas de um relaxamento:

1. Visualização do guia interno, através do encontro e comunicação com a sabedoria interior, representada pela imagem que o seu inconsciente elegesse.

2. Visualização do tumor, das células cancerosas e do sistema imunológico e tratamento quimioterápico atuando sobre o câncer, seguindo os critérios enumerados por Simonton, finalizando com a técnica transpessoal de diálogo interno entre as partes e processamento.

3. Visualização de um dos glóbulos brancos escolhido com o líder do sistema imunológico. Este glóbulo escolhido possui características específicas como agilidade, inteligência, segurança, força e determinação. O intuito é mobilizar estas características no paciente. Processamento com o uso da técnica de grafismo, encontro da mensagem. Esta sessão seguiu-se ao exercício interativo da "Jornada do Herói".

4. Técnica interativa aplicada às "contribuições para a doença", o que antecedeu o aparecimento da doença, o que ela impede, o que obriga, ganhos secundários com a doença, relação com o momento atual e seu significado na vida do paciente. Qual é a mensagem contida na doença e que ganhos teria em não estar mais doente? O manejo desta sessão exige muita sensibilidade do terapeuta, para não desencadear sentimentos de culpa no paciente e sim, facilitar a expressão de sentimentos, buscar identificar situações de estresse que ele não tem conseguido lidar adequadamente e desenvolver a assertividade. O paciente não tem o câncer porque quer, ele não escolheu ou desejou isto. Conscientemente, a maioria das pessoas fantasia e deseja sua morte acontecendo como um suave apagar de luzes, depois de uma vida longa e tranquila. O objetivo é levantar quais são as necessidades e os desejos do paciente e qual a melhor forma de alcançá-los.

5. Visualizações das "primeiras decisões de vida" do paciente que permanecem até o momento atual, como mandatos ou padrões de comportamento. Esta sessão tem um caráter regressivo, na medida em que o paciente é levado a conectar-se com situações vividas passadas que tiveram geralmente uma grande carga afetiva e que estabeleceram modelos de comportamento adaptativos para aquela

ocasião, mas que no presente atuam como mandatos, muitas vezes, inadequados. Estes padrões de comportamento normalmente se referem ou às proibições ou às atribuições pelas quais o indivíduo passa na infância, às quais ele ficou preso, e que influenciaram em sua decisão de ser um tipo determinado de pessoa. Estas lembranças geralmente estão ligadas ao medo de perder afetos e de ser rejeitado, no caso das proibições; ou as qualidades positivas ou negativas que, uma vez possuindo, resultariam em aprovação e aceitação. Estas visualizações costumam despertar reações emocionais intensas, provocando catarses de ab-reação, com muitos *insights*, seguidas de catarses de integração, quando então o indivíduo sente-se aliviado muitas vezes do peso de anos, e livre para estabelecer novos modelos de comportamento e metas a serem trabalhadas.

6. Exercício chamado de "morte simbólica" ou "Roteiro de vida I", no qual é proposto ao paciente a visualização de sua própria morte, que entre em contato com os seus sentimentos e os sentimentos dos que o cercam. A aplicação foi feita de acordo com as técnicas de reorganização simbólica da Psicoterapia Transpessoal, já anteriormente expostas. O objetivo é uma revisão das crenças sobre a morte e o morrer e o estabelecimento de novas metas de vida. Este exercício é seguido e reforçado na sessão consecutiva com o "Roteiro de vida II". As metas estabelecidas devem ser factíveis e não utópicas, previstas para três, seis e doze meses.

7. Novamente é feita a visualização de um dos glóbulos brancos como sendo o líder do sistema imunológico. Nesta ocasião, costuma-se perceber alterações em relação ao desenho anterior, que refletem a mudança de postura e atitude do indivíduo frente à vida. Exercício "Roteiro de vida II", conforme explicado no item das técnicas de reorganização simbólica, como reforço das novas metas estabelecidas, tomando o cuidado para que elas possam ser realmente factíveis como projetos de vida, identificação dos passos necessários para torná-las realidade e o prazo para que isto aconteça.

O caminho do adoecimento

No processo psicológico do adoecimento, baseado em suas observações e pesquisas, Simonton (1987) identifica cinco etapas que, com frequência, antecedem o aparecimento do câncer:

1. *Experiências na infância resultam em decisões tomadas quanto a serem um tipo específico de pessoa.* Na vida adulta estas decisões já não são mais conscientes e podem ser diretrizes limitantes.

2. *O indivíduo se vê em uma roda-viva de acontecimentos.* É frequente se identificar a ocorrência de diversos acontecimentos geradores de grande tensão, que muitas vezes ameaçam a identidade da pessoa.

3. *Estas tensões criam problemas com os quais o indivíduo não sabe lidar.* Estes acontecimentos não são apenas estressantes, mas também o indivíduo não sabe como lidar com eles, em virtude das regras estabelecidas na infância.

4. *A pessoa não consegue enxergar uma maneira de mudar as regras de como ela deve agir e se sente sem recursos para resolver o problema.* As decisões inconscientes já fazem parte de sua identidade e o indivíduo se vê sem ação, incapaz de resolver e controlar sua vida, e se abandona.

5. *A pessoa coloca distância entre si mesma e o problema, tornando-se estática, impassível, rígida.* Sem esperanças de mudança, experimenta sentimentos de desespero, a vida perde o significado e desiste dela, embora exteriormente continue a desempenhar seus papéis.

É importante frisar que o indivíduo não tem consciência deste processo, estas etapas ocorrem no nível inconsciente, portanto ele não tem culpa do aparecimento do câncer. Mas ao reconhecer sua participação, reconhecendo seu poder e vendo a importância dos estados emocionais, ele poderá então redecidir-se pela vida e buscar a recuperação de sua saúde.

No caminho da cura

Ao tornar este processo consciente, o indivíduo pode então começar a trilhar o caminho de volta à saúde, não apenas física, mas de todos os níveis do seu ser. A psicoterapia transpessoal é uma importante ferramenta para o nascimento desta nova forma de viver, mais integrado em si e com o mundo. Para Simonton, a cura é um processo criativo, que se faz através de um renascimento. O caminho da recuperação da saúde ocorre pelas seguintes etapas:

1. *Com o diagnóstico de uma doença mortal, a pessoa adquire uma nova perspectiva em relação aos seus problemas*. Há uma revisão das regras às quais o indivíduo vinha inconscientemente se submetendo, e a permissão de alterá-las, expressando mais assertivamente suas emoções.

2. *A pessoa toma a decisão de mudar o seu comportamento, de ser uma pessoa diferente*. O indivíduo percebe o seu poder de mudar suas atitudes e solucionar ou lidar com os problemas, e com isto diminui a depressão. Tem maior liberdade de ação.

3. *Os processos físicos do corpo reagem aos sentimentos de esperança e há um renovado desejo de viver, criando um ciclo reforçado a partir do novo estado mental*. Com a esperança e as mudanças no estado psicológico, o corpo começa a reagir, favorecendo uma melhora no estado físico.

4. *O paciente curado está "melhor do que antes"*. A saúde recobrada é superior em relação a anterior à doença. O indivíduo possui nova força psicológica, tem mais vigor, atitudes e crenças mais positivas; está em um nível superior de desenvolvimento.

Programa Simonton: uma abordagem transpessoal?

É possível se levantar a hipótese acerca de ser o Programa Simonton uma técnica de orientação transpessoal, uma vez que neste processo é possível encontrar todos os pressupostos básicos e fundamentais, os aspectos estruturais e dinâmicos do corpo teórico da Psicologia Transpessoal, o trabalho com os eixos experiencial e evolutivo, além de existir uma elaboração e transformação dos conteúdos experienciados em estados alterados de consciência.

Sua técnica faz parte de uma abordagem holística do tratamento do câncer, lida com aspectos físicos, ou seja, com os sintomas, como também com os aspectos emocionais e espirituais, os sentimentos e as crenças, no caminho de volta à saúde.

O termo holístico vem do grego *hólos* que significa todo/totalidade, portanto todos os eventos ou fenômenos se interligam e se inter-relacionam de uma forma global. Tudo é interdependente – experiências do passado, presente e futuro. O ser humano existe em muitos níveis e todos eles são importantes e devem ser considerados na busca da saúde.

Simonton (apud Simonton e Henson, 1994) afirma que a ideia que se tem da vida influencia a força de viver. A cura é um processo criativo e dinâmico e é muito importante que se tenha um sistema de crenças positivas para se recobrar a saúde e viver de forma plena e harmoniosa. Para ele, a vida é um mestre afetuoso no aprendizado de quem o indivíduo realmente é, de sua essência. Alegria, saúde e satisfação são indicações de se está na direção certa. A doença é um sinal, e traz de volta à verdadeira natureza. A força criativa do Universo é amorosa, cuidadora e ordeira, porque faz parte de sua própria natureza. A morte é o fim da existência, assim como o nascimento é o início. A consciência ou a alma continua após a morte em seu desenvolvimento, guiada pelas forças que a criaram.

O Programa Simonton pode ser integrado a um processo psicoterápico de abordagem transpessoal, uma vez que trabalha com diferentes níveis de consciência, com a morte e dissolução do ego, com o conceito de unidade evolutiva e no resgate do Ser integral. Vê o homem como um ser biopsicossocial e espiritual. Acredita na sabedoria e na capacidade de autotransformação e de transcendência de cada Ser, dentro de uma ética natural.

Segundo Saldanha, a estrutura da Psicoterapia Transpessoal é formada por um triângulo (fig. Anexo 1), que tem nas duas extremidades da linha de base a teoria e a técnica e no ápice o terapeuta.

A teoria, equivalente ao elemento *terra*, deve ser sólida e fértil, dar sustentação para o trabalho terapêutico e estar em constante expansão. Precisa de cuidados constantes e recebe acréscimos que lhe fortalecem a sustentação e a firmeza e que vêm de várias áreas do saber, como da Física Quântica, Filosofia, Neurociências, Neonatologia, Biologia Molecular, Psicoendocrinologia, da Psicologia Humanista e outras.

A técnica, equivalente à *água*, deve ser fluida, cristalina, transparente e acompanhar a plasticidade do inconsciente do paciente. Às vezes, deve ser forte e intensa como uma cachoeira, trazer limpeza e energia, outras vezes, ser suave e infiltrar-se, abrindo espaços.

O terapeuta é o instrumento da rede evolutiva do Universo, é o facilitador para que os raios de luz, o ar e a vida cheguem à semente que existe no paciente. É o agente catalisador do novo nascimento, e ajuda o indivíduo a reencontrar seu terapeuta interno.

Tanto teoria, quanto técnica, terapeuta e paciente são manifestações da mesma fonte primordial – o Absoluto; diferentes em suas características e nos papéis, mas possuindo a mesma essência. Para Saldanha, o processo terapêutico "clareia o lado profundo do inconsciente do homem, o faz mergulhar no seu lado sombrio e descobrir o renascer por trás da morte".

Morte e renascimento: a vida em evolução

Minha vida é a história de um inconsciente que se realizou.

Carl G. Jung

Debalde todos os esforços e esperanças na busca de uma cura física, o que felizmente acontece na maioria dos casos, a possibilidade de uma recidiva e a probabilidade da morte está sempre presente. Apesar de muitas vezes estar preparado, sabendo que pode fazer parte do processo rumo à recuperação de saúde, quando acontece uma recaída, é um período muito difícil para o paciente e muito mais ele precisa do apoio, carinho e compreensão dos que o cercam. Mais força, coragem e energia terão de ser despendidas. Simonton afirma para seus pacientes que apesar de doloroso e assustador, este é um período temporário e que a recaída não representa uma derrota, mas uma mensagem fisiológica do corpo com implicações psicológicas. Mudanças ainda terão de ser feitas e é preciso tempo para que elas aconteçam.

Isto não significa que o tratamento está sendo ineficiente. A saúde é o estado natural do homem, é o estado de equilíbrio das energias. E a cura se dará nível por nível. Às vezes, não há o tempo necessário para a cura chegar ao nível físico, e a morte advém.

A morte não é um fracasso. A morte faz parte da vida assim como o nascimento. São dois momentos do mesmo ciclo evolutivo. A omissão de discuti-la com o paciente pode conduzi-lo ao isolamento, gerando mais medo e incertezas. Ele pode imaginar que falhou e até sentir-se culpado por estar morrendo. Em geral, os pacientes sentem-

-se aliviados por poderem conversar sobre a morte com alguém que tenha suporte psicológico para ouvi-los, o que compreensivelmente, não raro, não encontram na família. Muitas vezes, a família necessita da ajuda psicológica de um terapeuta experiente neste momento de perda e na elaboração do luto.

Simonton diz ser necessário mostrar-lhes que, quer tenham se curado, quer não tenham, com certeza conseguiram melhorar a qualidade de suas vidas, ou a qualidade de suas mortes, e que tiveram grande força e coragem.

O terapeuta pode compartilhar sua dor, enquanto o auxilia a resolver as coisas importantes que ele ainda tem a fazer, as decisões a serem tomadas, as últimas pendências. Este período pode ser extremamente rico, cheio de vida. Exige carinho e respeito. O toque, o olhar, a voz refletem a alma do terapeuta e devem espelhar para o paciente sua própria inteireza, seu Ser sagrado.

Neste momento, o paciente pode estar soltando as amarras que o prendem e preparando seu caminho de luz. Arrumando as bagagens que levará consigo na continuação de sua jornada através do rio da vida. A semente morre para germinar.

Minha experiência pessoal

O exercício da psicoterapia é um trabalho artístico de tocar e despertar viajantes que se encontram perdidos em seus caminhos, para a escuta interior do verdadeiro sentido e propósitos de sua vida.

Júlio Fernando P. Peres

Por que ser psicóloga? O que leva alguém a escolher trabalhar com as dores humanas mais íntimas? Qual força me moveu nesta direção? Os sábios dizem que quando se faz as perguntas, é porque no fundo já se sabe as respostas a elas.

Por um breve tempo em minha adolescência, me iludi pensando nas glórias de outra profissão. Mas quando consultava o meu íntimo, era este o saber que eu queria. Ser psicóloga é minha realização como profissional.

Tudo no universo é energia, a matéria é energia condensada. Sei que sou uma energia que ocupa um corpo, que vive uma vida. Também sei que tenho vários papéis que desempenho com satisfação, em um constante aprendizado, como todos os seres, em busca de mim mesma.

Quando me foi sugerido pela doutora Vera Saldanha escrever sobre minha experiência e publicá-la, minha primeira reação foi de pânico ante o desconhecido. Com coragem me decidi. Afinal, o exercício profissional como psicoterapeuta é acompanhar o outro a corajosamente enfrentar o desconhecido. Como continuar a tocar outros viajantes de jornada, se eu não pudesse fazer isto por mim, se eu perdesse minha própria motivação, falseasse no meu caminho particular? Segundo Júlio Peres "o musicista só sensibilizará o coração das pessoas que o escutam se a música executada tocar o seu próprio coração".

Durante muitos anos como psicoterapeuta, vi passar em meu consultório muitos seres especiais. Sei que amei cada um deles. De alguns, recebo notícias até hoje, passado muito tempo. De outros, não sei mais, mas tenho certeza, continuam suas jornadas.

Dentre aqueles que se encontravam fisicamente doentes, com câncer ou Aids, alguns se curaram ou vivem administrando seus problemas, têm ferramentas para isto. Uma mulher, por exemplo, fez uma histerectomia total e veio nesta época. Encerrou o processo terapêutico e foi-se. Voltou anos depois, agora viúva e começando um novo relacionamento, no qual tinha medos ligados a enfrentar novas perdas, além de problemas quanto à sua sexualidade com um novo parceiro.

Outros desistiram do tratamento comigo e buscaram outros profissionais. Alguns até preferiram ficar só com os tratamentos religiosos ou mesmo alternativos. Toda escolha tem que ser respeitada, desde que não abandonem o tratamento médico convencional. Outros morreram no curso do tratamento, em diferentes fases do mesmo.

Foi-me aconselhado a escrever o relato de um destes tratamentos. É importante escrever um relato de caso, seguindo certas normas que tornem este caso claro para os profissionais de saúde que acaso o lerem.

No entanto, é impossível escrever a minha experiência pessoal sobre um caso chamado J.E.B. O motivo desta impossibilidade é que eu não atendi um caso J.E.B. ou X.Y.Z. ou um caso número tal. A pessoa com quem eu convivi durante 8 meses, tinha nome, sobrenome, documento de identificação e endereço. Mais do que tudo isto, tinha dores, sofrimentos e sentimentos que abrangiam todas as matizes do medo e à tristeza, à alegria e ao amor. Ainda mais. Possuía uma alma imortal e amorosa, que se manifestava nos gestos e expressões. Capaz de trazer à sessão uma pequena flor ou locomover-se a uma grande distância para buscar e trazer uma pamonha, simplesmente porque descobriu que eu gostava.

Meus colegas psicanalistas podem buscar a interpretação dos porquês ele fazia isto ou porque eu simplesmente aceitava e agradecia. Sei que os gestos partiam do seu coração e eram a sua forma, especial, de demonstrar suas emoções, e não pela necessidade de ser aceito ou manipular a terapia.

A esta pessoa devo o respeito ético de manter o sigilo profissional, mesmo sabendo que ele não se importaria de ver seu nome impresso e divulgado, se isto pudesse ajudar outras pessoas. Chamarei aqui esta pessoa pelo codinome José.

José chegou em meu consultório no fim de fevereiro, por indicação de uma colega, amiga comum de nós dois, que sabia do problema dele e da minha especialidade em trabalhar com pacientes portadores de câncer. Chegou assustado, nem conseguia nomear a enfermidade, chamando-a de "a doença". Havia começado a sentir dores laterais, passou por vários especialistas sem conseguir um diagnóstico. Foi depois diagnosticado como pancreatite aguda. Fez exames de ressonância magnética. Depois disto fez uma cirurgia exploratória e retirada de material para biópsia, cinco meses antes de vir à sessão inicial. No momento estava fazendo a terceira quimioterapia, mas dizia que nem os médicos sabiam o que ele tinha (*sic*).

Muito emotivo, disse que "sempre procurei ter e perdia, sempre deixei os outros ricos, e eu não" e que não sabia como receber.

Expliquei-lhe minha forma de trabalho, a importância da anamnese e combinamos os horários. Ao fim da sessão fez o exercício da fonte e foi-se dizendo sentir-se bem melhor.

Desta forma, iniciou-se um processo terapêutico de abordagem transpessoal, acrescido do Programa Simonton, que durou oito meses. Nosso vínculo foi muito bom, ele se entregava confiante ao processo e a terapia fluía em um clima de empatia e respeito. Em paralelo, era acompanhado por um oncologista clínico e fazia tratamentos espirituais em uma casa espírita de sua confiança. Conheci a história de sofrimentos e perdas de José.

Uma querida amiga, cada vez que juntas estudamos algum caso, costuma se perguntar: "onde esta pessoa perdeu seu caminho de luz?" Penso que neste caso a pergunta é muito coerente. Apesar de muitas perdas e dissabores na infância, parece que José havia sido uma criança saudável, que sabe responder ao meio com assertividade. No começo da adolescência, parece que o trauma é grande demais, o medo é intenso demais, e José perde-se e desvia-se do "seu caminho de luz".

Além das queixas relacionadas à doença, seu relato incluía relacionamentos difíceis com as pessoas, sentimentos de impotência e rejeição. Tinha muito medo de perdas, por isto submetia-se às situações, não era assertivo e não manifestava raiva, exceto em raras explosões. Dizia sentir-se muito triste, magoado e via-se como uma pessoa muito ansiosa.

Durante o processo, aprendeu a reconhecer melhor suas necessidades e buscar atendê-las. Faltou a uma sessão tendo mandado comunicar a falta. Na semana seguinte, disse que após ter revisto sua infância durante a anamnese e vivenciado através da visualização situações de rancor contra a mãe, que dizia sim a tudo, tinha viajado até sua cidade natal para revê-la, estar com ela. Emocionado, relatou que foi muito agradável, que se sentiu querido e que sua mãe até tinha feito seus pratos preferidos. Reconciliou-se com a irmã e reviu amigos de infância.

Com o decorrer do processo, seu ego foi fortalecendo-se. Seus relacionamentos começaram a mudar. Percebeu que antes se culpava por todos os dissabores e que preferia calar-se a encarar uma situação de enfrentamento. Começou a dedicar-se mais a atividades que lhe davam prazer, como ir ao sítio, mexer com terra e construir ou conversar com pessoas.

A esta altura do processo, já podia falar do câncer e da possibilidade de morte. Mas dizia que não conseguia falar sobre isto com a esposa. Lia os livros indicados e fazia regularmente os exercícios de relaxamento. Estava na segunda sessão de uma nova série de quimioterapia e o câncer começou a regredir.

Era fim de abril e ele vinha descontraído, de bermudas para a sessão. Dizia-se bem disposto, estava andando bastante a pé. Percebia que sempre se intimidara, anulara suas vontades, "engolia tudo" e deixava-se na mão dos outros. Em contato com os significados da doença, disse que o câncer o obrigava a ficar sossegado, mas que bloqueava sua vida e deixava-o muito cansado. Queria ser novamente uma pessoa normal, não um dependente de remédios. Queria poder comer o que desejasse, tomar uma bebida, se dar alguns prazeres e ter uma vida sexual plena.

No começo do mês de junho consegue uma atividade remunerada, sem vínculos empregatícios, como motorista dois ou três dias por semana. Começa a requerer seus direitos ao prêmio do seguro de um banco. Dizia que levava toda a papelada necessária, provando o câncer e ainda assim, o banco não dava respostas. Planeja comprar um carro de táxi com o dinheiro. Pensa que desta forma poderá trabalhar, ver e conversar com pessoas e ter tempo para seus tratamentos.

Um dia chega muito triste à sessão, porque havia visto um amigo e sentiu que este, antes tão aberto e afetuoso, havia se recusado a chegar perto, "como se câncer fosse uma doença contagiosa". Percebeu o medo do amigo e disse que muitas pessoas tinham preconceito contra o câncer. Manifestou ressentimento, porque disse que as pessoas vão visitar só quando pensam que o outro está para morrer, depois se esquecem, não telefonam mais, não perguntam.

No fim de junho, começa uma recaída, mas mantém a esperança. Afirma-se preocupado com aumento dos marcadores. Faz uma angiorressonância, sente muitas dores e preocupação com os negócios da firma que tinha com um primo. Diz que o primo apostou na morte dele e sente isto como uma traição, como se fosse "uma grande facada nas costas".

No exercício do tronco, da cabana e do rio, vê a esposa como uma árvore forte que dá sombra e sustentação. Decide-se a lutar para ter as coisas simples, mas que dão prazer e sabor à vida, permitir-se receber, sem cobranças internas.

Agosto chega e José está deprimido, tem sentido muitas dores e cansaço. Faz a décima segunda sessão de quimioterapia. Continua com os exercícios de imaginação ativa e é utilizada também a técnica eriksoniana conhecida como anestesia em luva. Tomografia e ressonância mostram que o tumor está muito maior, com metástases no mesentério e suprarrenais. Uma junta médica decide não o operar. Encaminho-o ao Hospital das Clínicas, para tratamento específico da dor. Começa o tratamento com Dimorf.

Continua fazendo trabalhos esporádicos e frequentando um curso na casa espírita. Em uma das aulas, ministrada por uma médica homeopata, sem conhecê-lo e ao seu problema, ela fala, segundo ele: "hoje é assim, tudo é a cabeça, tem que ter fé". Chora na sessão e diz: "então eu sou culpado por estar doente? Será que eu não tenho fé suficiente?" Aproveitando seu tema sobre fé e caridade, trabalhamos a questão da caridade consigo próprio, o autoperdão por culpas reais ou imaginárias e o desenvolvimento da autoaceitação.

No começo de setembro, José me diz que ainda tem esperança, que embora o banco não tivesse liberado ainda seu dinheiro, que vai continuar a lutar. Tem o objetivo de comprar o táxi, já tem parte do dinheiro necessário. Mas algo lá no seu íntimo lhe diz que sua hora de partir está chegando e que ele ainda tem medo da morte. Neste dia, após um relaxamento e visualização com o sábio interior, conto-lhe uma história chamada "O salgueiro bondoso – presente para quem fica". Lágrimas escorrem suavemente pelo seu rosto e ao fim ele agradece e diz que é bom poder ter alguém com quem repartir seus medos e que não fuja de falar da morte.

Em 21 de setembro, José está internado no hospital porque apresentou crise hemorrágica. Vou vê-lo e o encontro muito magro, mas seu humor está bom, não sente mais dores. Brinca comigo, porque o encontro de roupas hospitalares e isto o deixa envergonhado. Falamos sobre orgulho. Diz que ainda não está pronto para morrer porque ainda tem muito orgulho. Observa seus dois companheiros de quarto. Um jovem que vive de forma vegetativa e um velho, briguento e resmungão com enfisema pulmonar. Fala que sente pena dos dois, porque estão ambos com problemas de comunicação: "um não consegue falar o que lhe vai na mente, se é que está realmente presente e o outro, fala tanto que não consegue ouvir". Sente-se tranquilo, é bem tratado por todos, principalmente pelas enfermeiras. Justamente neste momento uma delas está entrando e ouvindo-o, responde que ele é uma graça e que "canta" todas.

Por diversos motivos, não pude mais vê-lo no hospital. Mas três dias depois ele volta para casa, depois de uma semana de internação.

Nos dias que se seguem, tenho notícias todos os dias, mas não é possível falar com ele, que está quase sempre dormindo. Em vinte e oito de setembro, à noite, consigo falar com ele ao telefone. Sua voz está fraca e eu lhe digo que o verei na manhã seguinte, ao que ele responde "te amo, Rita".

Encontro-o semiconsciente, seu corpo está tão descarnado que uma sobrinha enfermeira, jovem e magra, consegue carregá-lo no colo. Encontro-o cercado de mulheres amorosas e cuidadoras: mãe, irmãs, sobrinha, esposa, filha, enteada. Resolvo contar-lhes a história do salgueiro bondoso, que o José havia gostado tanto de ouvir no consultório. Tem os olhos fechados, e só os movimentos de sua boca e expressão facial mostram que ele está acompanhando e incentivando. Ao fim, uma pequena lágrima aparece no canto esquerdo de seus olhos.

Com a filha que eu não conhecia, o trabalho foi mais difícil. Desesperada, ela não aceitava que o pai estava indo. Sentia-se responsável por ele estar doente. Depois de estar com ela algum tempo amparando, esclarecendo, lidando com as fantasias e instruindo, finalmente ela vai ao quarto, ajoelha-se na cama e traz a cabeça dele para o seu colo. Fica ninando-o, falando-lhe palavras carinhosas como a um bebê, dando-lhe a garantia de seu amor, e que ela ficaria bem.

Despeço-me do José, que já está mergulhando na inconsciência, dizendo: "vai, José, está tudo bem. Você fez tudo o que deveria fazer. Está tudo certo. Todos ficarão bem. Você estará sempre bem. Siga seu caminho para a Grande Luz".

José não volta a consciência. É levado de ambulância para a UTI, onde sua morte acontece em trinta de setembro.

É noite. Noite de sábado em São Paulo. Multidões estão provavelmente saindo à caça de diversões, amigos, amores novos ou antigos. Olho para o céu pela varanda do meu apartamento. O céu está escuro. Não se veem estrelas na noite de São Paulo. Mas eu sei que uma pequena estrela brilhante, nesta noite, se acendeu. É você, José.

Começo de dezembro, sua esposa recebe o diploma em seu lugar na instituição espírita que ele frequentava. Médiuns presentes afirmam vê-lo sorrindo e bem, entre os alunos espirituais e protetores da casa.

Natal. A esposa de José deixa na portaria do prédio o meu livro *Cartas de um Sobrevivente* que estava em poder de José, já que ele não conseguia comprar e eu tinha lhe emprestado, junto com um lindo cartão de agradecimento.

Aprecio a delicadeza e a lembrança. No entanto, sei que eu sou grata à manifestação do Absoluto que contribui sempre com a nossa evolução, pelo presente de ter conhecido um homem chamado José.

Conclusão

Morri um mineral e tornei-me planta.
Morri planta e nasci animal.
Morri animal e transformei-me em homem.
Por que devo temer? Quando fui menos por morrer?
Ainda outra vez morrerei como homem, para elevar-me com anjos abençoados; e mesmo de anjo terei de passar. Tudo, exceto Deus, perece.
Quando tiver sacrificado minha alma de anjo, eu me tornarei aquilo que nenhuma mente concebeu.

Rumi, místico persa do séc. XIII

Alguns amigos, pessoas também ligadas muitas vezes à área de saúde, questionam-me se não é um tanto quanto mórbido falar, pensar ou escrever sobre morte. Muitos temem até aplicar em seus pacientes o exercício chamado "Roteiro de vida" na abordagem transpessoal ou "Lidando com o medo da morte" como o chamou Carl Simonton, imaginando que ele poderia despertar ou acentuar uma depressão; quem sabe até reforçar ideações suicidas. Eu o vejo como uma oportunidade de o indivíduo reencontrar ou reexaminar seus objetivos de vida, situá-lo mais no seu corpo e no seu presente, valorizando e buscando novos significados para a vida que se tem a viver. Penso que suscita a ocasião de entrar em contato com o homem velho e desesperançado que agoniza e renascer como homem novo, mais sábio que brota a cada novo morrer e renascer, cada vez mais acrescido de elementos e recursos. Para Jung talvez fosse um dos caminhos para a individuação e para Maslow como parte do processo de autorrealização.

Nos pacientes sadios fisicamente nos quais o apliquei, gerou uma nova energia e alegria. Naqueles que convivem com a ameaça de morte próxima, despertou uma nova força, que poderia ser resumida em um pensamento do tipo: "ainda não é hora de morrer, tenho coisas a realizar", dando um ressignificado ao tempo que lhes resta. Para Maslow o homem seria um ser com poderes e capacidades, às vezes esquecidos e diz que "adoecemos não só por termos aspectos patológicos, mas muitas vezes, por bloquearmos elementos saudáveis". Considero este exercício como outros de imaginação ativa, comumente usados pela Psicologia Transpessoal, como propiciadores de integração e harmonização do indivíduo com o universo, trazendo aspectos saudáveis do Ser. Favorecem a elevação de sentimentos, mudanças no sistema de crenças e valores, interesse em enriquecimento da vida, despertar do Eu Superior, sensações de união e comunhão com o Cosmos e manifestação no indivíduo da Ordem Mental Superior (OMS).

Quanto a mim, por me encontrar na fase que Jung chama de "metanoia", com o sol da minha vida a pino e começando a sua curva descendente para se pôr no horizonte, lidar com a morte e com o seu oposto, a vida, enche de brilho cada instante do viver. Assim como o par de opostos, nascer e morrer, mais valorizamos a luz por conhecermos a escuridão, mais vibramos a saúde quando sabemos da doença.

Com meus pacientes ditos terminais, auxiliando-os na busca de sua própria essência e na transcendência do Ser, muito aprendi sobre o AGORA, sobre apreciar a vida em cada instante. Só temos o presente. O amanhã, não sabemos se viveremos. Cada momento é finito em si mesmo e contém o germe do vir a ser.

O processo psicoterápico nem sempre tem como meta a cura física, mas é um abrir de espaço para o autoconhecimento, possibilidade de *insights*, capacidade de elaboração psíquica do medo da morte e do sofrimento, revisão da existência. A psicoterapia deve trabalhar com o despertar do desejo, das metas e buscar o sentido da vida. Facilitando a comunicação e expressão dos sentimentos, encontrar a melhoria da qualidade de vida do paciente.

Além dos mecanismos de defesa propostos por Freud, Maslow acrescenta mais dois: o "Complexo de Jonas", que seria o medo e a recusa do indivíduo em realizar suas plenas capacidades, o que o tornaria profundamente infeliz, e a "dessacralização", que seria a falta de um sentido sagrado na vida diária, o que geraria um empobrecimento da vida, em razão da falta de profundidade e seriedade em lidar com o cotidiano.

O espaço e a escuta terapêutica devem ter este sentido do sagrado. O terapeuta transpessoal deve acreditar na sua própria sabedoria interior e capacidade de autotransformação para guiar o outro em direção a si mesmo e favorecê-lo a viver a Unidade Fundamental do Ser e a Plena Luz.

Durante todo nosso processo de desenvolvimento morremos várias mortes, e a cada dia. No entanto, não definitivamente. E a cada renascimento, adquirimos maiores capacidades e significados. E quanto à morte real, concreta?

Kovács (1996) escreve: "Dela sabemos alguns fatos: que é universal, irreversível, porque assim nos disseram ou vimos acontecer com os outros. Podemos fantasiar, temer desejar, evitar, mas não experienciamos nossa própria morte. Podemos representá-la como finitude, transição, ruptura, alívio, mistério, dor, fascínio, mas nada sabemos sobre suas possibilidades ... só intuímos".

Se no nosso inconsciente, quem sabe muito sábio, somos imortais, para o nosso ego a morte existe, e sabermo-nos finitos enquanto existência física corpórea dá significado à vida que vivemos.

E. Kübler-Ross (1998) diz que "Nenhuma teoria ou ciência do mundo ajuda tanto uma pessoa quanto outro ser humano que não tem medo de abrir seu coração para seu semelhante". Em outro trecho de sua autobiografia, fala que quando as pessoas lhe perguntam como é a morte, responde que "é sublime. É a coisa mais fácil que terão de fazer. (...) Viver é como ir para a escola. Dão a você muitas lições para aprender. Quanto mais você aprende, mais difíceis ficam as lições (...) quando aprendemos as lições, a dor se vai". É também desta autora a seguinte mensagem para encerrar esta conclusão:

Viva de tal modo que, ao olhar para trás, não se arrependa de ter desperdiçado sua vida.

Viva de tal modo que não se arrependa do que fez ou não deseje ter agido de outra forma.

Viva uma vida digna e plena.

Viva.

Anexo 1

Por um poder imortal,
todas as coisas,
Perto ou distantes,
Ocultamente,
Estão ligadas entre si.
E tão ligadas estão,
Que você não pode tocar uma flor,
Sem perturbar uma estrela.

Francis Thompson

Observação: As cópias das transparências seguintes foram elaboradas com base no livro *A Psicoterapia Transpessoal*, de autoria da doutora Vera Saldanha.

Psicologia Transpessoal

Conceito

- "É o estudo e a aplicação dos diferentes níveis de consciência em direção à Unidade Fundamental do Ser".
- "Favorece ao indivíduo a vivência da Plena Luz de onde emerge o ser integral".
- "O processo psicoterapêutico visa resgatar esta unidade fundamental".
- "Na visão transpessoal o mundo é um todo integrado, em harmonia, onde tudo é energia, formando uma rede de inter-relações de todos os sistemas existentes no Universo".
- "Para a Psicologia Transpessoal, o homem é um ser biopsicossocial, espiritual e cósmico".
- "Acredita na sabedoria e na capacidade de autotransformação e de transcender de cada ser".

Vera Saldanha

Corpo Teórico da Psicologia Transpessoal

Aspectos Estruturais

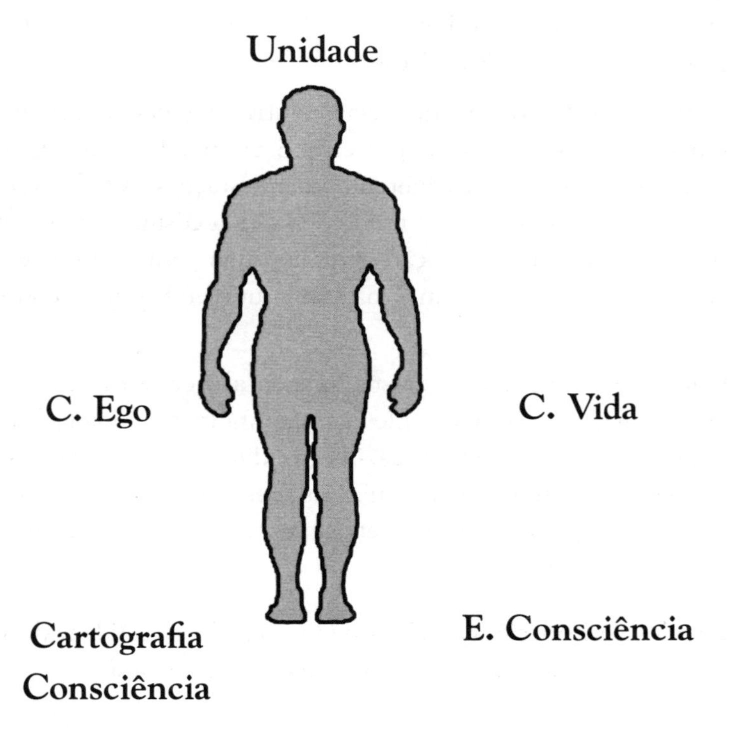

Aspectos Estruturais

Conceito de Unidade: É o Todo, o Absoluto, a Plena Luz. Inexiste a dualidade, tempo e espaço. A vivência dessa unidade traz sentimentos de paz, confiança e entrega. O contrário, quando o homem ignora que faz parte da unidade, gera apego, medos e outros sentimentos negativos. O desconhecimento da unidade cósmica nutre tensão e ansiedade que levam a uma baixa da resistência imunológica, dando origem a doenças autoimunes, cardiopatias ou síndromes mentais desde a depressão até a psicose.

Conceito de Vida: É a sequência evolutiva, na qual nascer, morrer e renascer fazem parte de um processo. É eterna, ilimitada, uma fonte incessante nas suas mais diferentes manifestações. A vida individual está integrada e forma um todo com a vida cósmica. Morte para a transpessoal é uma transição de uma forma para outra acrescendo elementos de maior alcance na escala universal e mantendo a essência indivisível.

Conceito de Ego: É o construto mental necessário para operacionalizar a vida cotidiana. Ele instrumentaliza a realidade da psique. Pode sobreviver à morte física. O ego é diferente do eu, pode morrer e renascer e o indivíduo mantém a sua essência. O eu é maior, mais profundo, superior, infinito e eterno e faz parte da consciência universal ou cósmica.

Estados de Consciência: O indivíduo percebe a realidade de acordo com o estado de consciência que ele está vivenciando.

Principais	*Intermediários*
Consciência de Vigília	
	Devaneio
Consc. Sono Profundo	
Consc. Sonho	
	Despertar
Plena Consciência/ Cósmica	

Cartografia da Consciência

Kenneth Ring

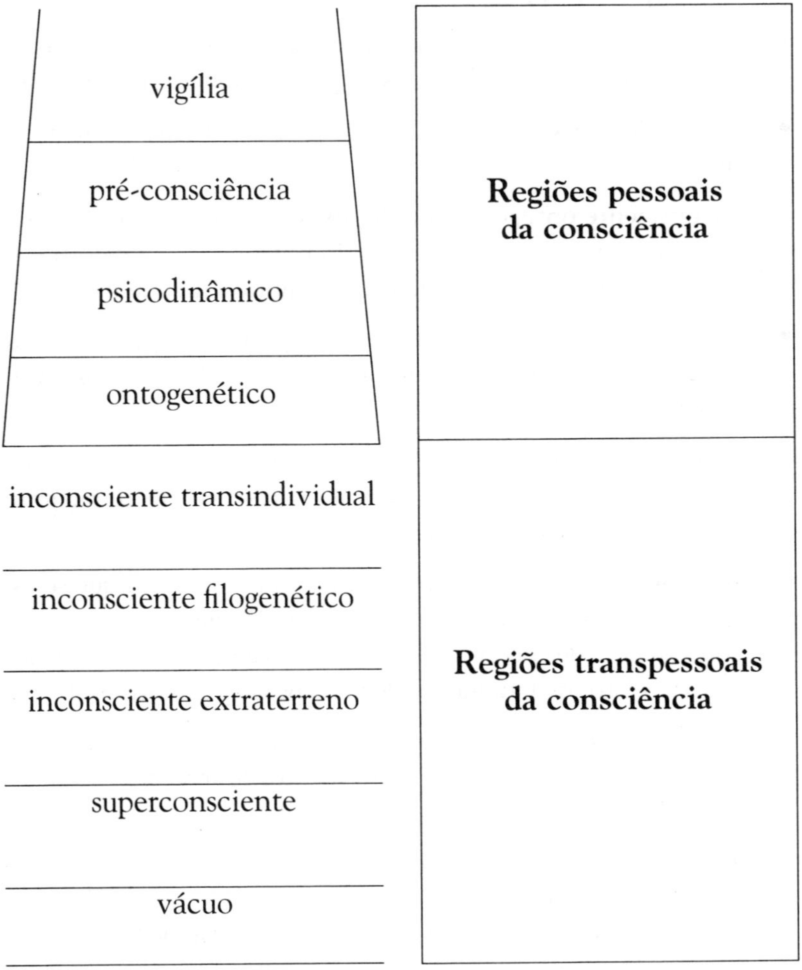

vigília pré-consciência psicodinâmico ontogenético	**Regiões pessoais da consciência**
inconsciente transindividual inconsciente filogenético inconsciente extraterreno superconsciente vácuo	**Regiões transpessoais da consciência**

Cartografia da Consciência

Kenneth Ring

- **Consciência de vigília:** é formada de conteúdos usuais do cotidiano, presentes na consciência, via de regra regidos pelo tempo linear (passado, presente e futuro).
- **Pré-consciente:** são conteúdos facilmente acessados a partir de uma simples evocação direta, estão parcialmente ligados à vigília.
- **Inconsciente psicodinâmico:** corresponde ao inconsciente freudiano.
- **Inconsciente ontogenético:** são vivências intrauterinas, representando uma zona de transição do nível pessoal para o transpessoal, incluindo as experiências de morte-nascimento.
- **Inconsciente transindividual:** envolve experiências ancestrais, experiências de encarnações passadas, experiências coletivas, raciais e experiências arquetípicas.
- **Inconsciente filogenético:** envolve experiências além das formas humanas, da própria sequência evolutiva do planeta Terra, tanto orgânicas quanto inorgânicas.
- **Inconsciente extraterreno:** domínio da consciência que se estende para além do nosso planeta: experiência de estar fora do corpo, relatos de encontros com entidades espirituais e chamados guias e relatos de fenômenos de percepção extrassensorial.
- **Supraconsciente:** ocorre profundo êxtase existencial, há uma percepção ampla da realidade, sentimentos de apreensão intuitiva da realidade, compaixão e equanimidade.
- **Vácuo:** estado além de qualquer conteúdo, correspondente ao nirvana, na filosofia budista. É um estado de puro ser. A consciência funde-se com a mente universal. É além do espaço e do tempo, além bem e do mal.

Corpo Teórico da Psicologia Transpessoal

Aspectos Dinâmicos

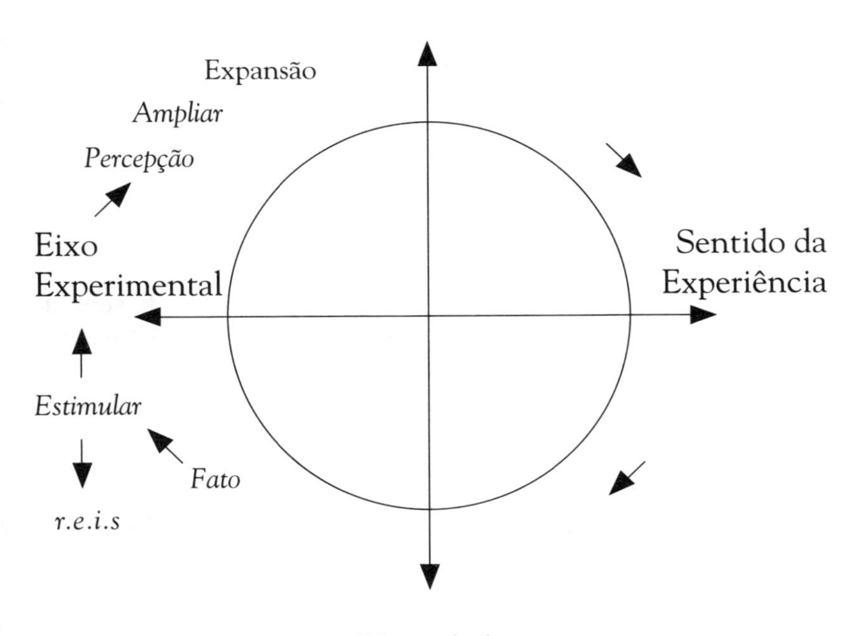

Triângulo da Terapia Transpessoal

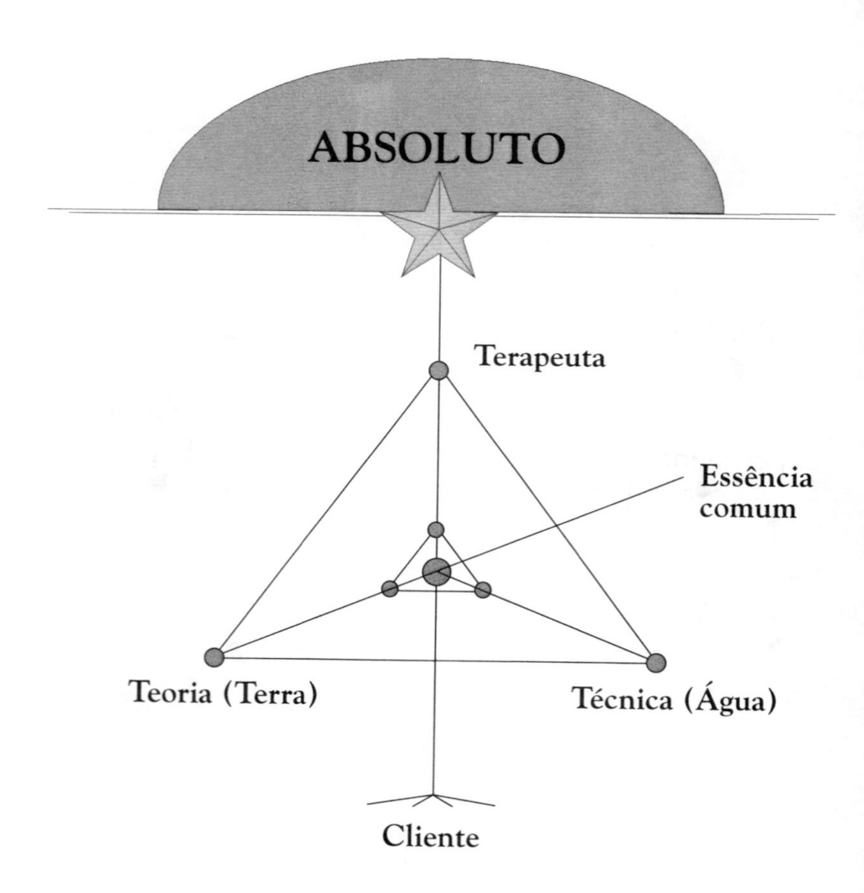

Triângulo da Psicoterapia Transpessoal

Teoria = *Terra* sólida e fértil. Está em expansão e necessita ser adubada, regada, arada e constantemente cuidada. Recebe acréscimos da Física Quântica, Psicologia Humanista, Filosofia Perene, Neurociências, Psicoendocrinologia, Neonatologia, Biologia, Bioquímica etc.

Técnica = *Água*. Deve ser fluida, transparente, cristalina como a água para acompanhar a plasticidade do Inconsciente do paciente.

Terapeuta: Instrumento da rede evolutiva do Universo, é o facilitador para que os raios de luz , o ar e a vida cheguem à semente que existe no indivíduo. É o catalizador do novo nascimento. Traz a energia que move a teoria e a técnica em conexão. Desperta o saber do paciente e o seu terapeuta interno.

Técnicas Transpessoais

- **Intervenção Verbal**

- **Exercícios de Imaginação Ativa** – Psicoespirituais ou de meditação (rosa, sábio, fonte etc.)

- **Exercícios de Reorganização Simbólica** – (revendo metaexistências, morte simbólica, bússola da psique etc.)

- **Dinâmica Interativa** – em 7 etapas: reconhecimento, identificação, desidentificação, transmutação, transformação, elaboração e integração.

- **Nível Auxiliar ou Adjunto** – relaxamento, concentração, meditação, ioga etc.

Nível Interativo

Pode ser a dinâmica de cada sessão
ou referir-se ao próprio processo psicoterápico.

1 – **Reconhecimento:** Momento de desconforto – emerge o sintoma, manifestações emocionais etc. O indivíduo busca reconhecer o que lhe está acontecendo.

2 – **Identificação:** A dinâmica psíquica é realçada e explicitada. Contextualiza-se o sintoma, facilitando a identificação – como, quando, onde, por que, para quem – Catarse ab-reativa.

3 – **Desidentificação:** Depois do reconhecimento e de ter experienciado a identificação, o indivíduo pode, a partir da catarse de integração, tomar distância, descentrar-se, desconectar-se do sintoma.

4 – **Transmutação:** Momento de ebulição psíquica – passagem da situação de apego para a de alívio. Quando percebemos os diferentes níveis de consciência interagindo – aspectos de sombra e luz, do conflito para a solução – Emerge o supraconsciente.

5 – **Transformação:** Integração de sombra e luz, do essencial e do perene. O indivíduo percebe a situação atual transformada, sente o conflito diferentemente, muda o direcionamento da mente.

6 – **Elaboração:** Processamento dos *insights*, apreensão global, percepção mais ampla da realidade – é a presença do eixo evolutivo.

7 – **Integração:** O indivíduo integra todo o processo. Sente-se mais confiante, seguro, integrado em si e na relação com o Universo. É o momento da libertação do Ser, do seu renascimento.

Anexo 2

Quando eu me for daqui, deixa que a minha despedida seja esta: o que eu vi é insuperável.
Eu provei o mel escondido dessa flor de lótus que desabrocha no oceano de luz, e por isto fui abençoado. Deixa que seja essa a minha despedida.
Nesta casa de jogos de formas infinitas, eu também joguei, e aqui eu pude vislumbrar aquele que não tem forma.
O meu corpo e os meus membros vibraram no toque daquele que é intocável. Só agora chegou o momento do fim, que assim seja! Essa é a minha palavra de despedida.

Tagore, *Gitanjali*

Direitos do Paciente Terminal

Carta dos Direitos do Paciente Terminal

- Tenho o direito de ser tratado como pessoa humana até que eu morra.
- Tenho o direto de ter esperança, não importa que mudanças possam acontecer.
- Tenho o direito de ser cuidado por pessoas que mantêm o sentido da esperança, mesmo que ocorram mudanças.
- Tenho o direito de expressar, à minha maneira, sentimentos e emoções diante da minha morte.
- Tenho o direito de participar das decisões referentes a meus cuidados e tratamentos.
- Tenho o direito de receber cuidados médicos e de enfermagem mesmo que os objetivos "de cura" mudem para objetivos "de conforto".
- Tenho o direito de não morrer sozinho.
- Tenho o direito de ser aliviado na dor e no desconforto.
- Tenho o direito de que minhas questões sejam respondidas honestamente.
- Tenho o direito de não ser enganado.
- Tenho o direito, ao aceitar a minha morte, de receber ajuda de meus familiares e que estes também sejam ajudados.
- Tenho o direito de morrer em paz e com dignidade.
- Tenho o direito de conservar minha individualidade e não ser julgado por minhas decisões que possam ser contrárias às crenças dos demais.
- Tenho o direito de discutir e aprofundar minha religião e/ou experiências religiosas, seja qual for seu significado para os demais.
- Tenho o direito de esperar que o meu corpo seja respeitado.
- Tenho o direito de ser cuidado por pessoas sensíveis, humanas e competentes que procurarão compreender e responder às minhas necessidades, e me ajudem a enfrentar a morte e garantir minha privacidade.

(Este texto foi resultado de um seminário sobre "Paciente terminal, como ajudá-lo", em Lansing, Michigan, EUA)

O salgueiro bondoso

Presente para quem fica

Era primavera novamente, quando todas as flores mostravam suas cores brilhantes. Já fazia muito tempo que a grande tempestade caíra sobre a floresta onde Pequena Árvore e sua amiga Amanda viviam e brincavam.

Desde então, novos amigos vieram viver na floresta. Pequena Árvore e Amanda conheceram e passaram a gostar muito do Salgueiro Bondoso, que veio viver do outro lado do lago.

Todos os dias, assim que o sol surgia, Pequena Árvore sacudia suas folhas e cantava "Bom dia" para seus amigos. O Salgueiro Bondoso retribuía, convidando o vento para soprar os seus galhos leves e longos debruçados sobre a água.

Amanda gostava de brincar com ele, que como bom amigo, lhe dera um lugar para guardar suas nozes e de brincar com as grandes borboletas amarelas que dançavam entre seus graciosos galhos.

Certo dia, enquanto Amanda subia em seu tronco, percebeu que o amigo parecia diferente do Salgueiro Bondoso que ela conhecia. Sua casca estava encaroçada e rugosa. Suas folhas estavam ficando marrons e seus galhos curvados.

– "O que há de errado, Salgueiro Bondoso"?, perguntou Amanda.

– "Não sei" sussurrou o salgueiro. "Sinto-me diferente".

– "Não se preocupe", disse Amanda, "Amanhã você estará melhor".

Mas muitas manhãs vieram e o Salgueiro Bondoso ainda não se sentia melhor.

Amanda estava preocupada. Correu em volta do lago e contou à Pequena Árvore sobre seu amigo.

– "Lembra quando a tempestade veio e eu fui ferida"?, perguntou Pequena Árvore.

– "Sim! E Fixumup e Imageen vieram e engessaram seus galhos quebrados. Vou chamá-los. Pode ser que possam cuidar do Salgueiro Bondoso também".

Os dois mágicos atenderam o chamado de Amanda. Fixumup examinou os galhos do Salgueiro Bondoso e sua casca rugosa e encaroçada. Imageen examinou de perto suas raízes.

Amanda ficou ao lado. As borboletas amarelas dançavam ao redor, enquanto Pequena Árvore olhava do outro lado do lago. Após todos os exames, Imageen e Fixumup foram para a rocha do conhecimento, perto do lago, para conversar. Amanda seguiu-os.

– "Que há de errado com o Salgueiro Bondoso"?, perguntou.

– "A ferida do seu amigo é diferente da que Pequena Árvore teve por causa da tempestade", disse Fixumup. "O Salgueiro Bondoso tem algo que vimos antes na floresta, mas que não podemos curar".

– "O que você disse? Vocês têm que ajudá-lo! Vocês têm que fazê-lo melhorar. Vocês são os magos da floresta"!, Amanda gritou indignada.

– "Sim", disse Imageen triste. "Nós somos os magos. Mas há coisas que mesmo nós não podemos consertar. Nós podemos dar ao Salgueiro seiva de árvore para que se sinta mais forte. Podemos dar-lhe ervas para que se sinta confortável. Mas não podemos curá-lo".

– "O que vai acontecer a ele"?, perguntou Amanda.

– "Ele ficará diferente com o tempo", disse Imageen, "Vai precisar da nossa ajuda todos os dias. Podemos cantar-lhe histórias. Cada música ou história irá ajudá-lo como um remédio especial chamado Amor".

Amanda, Fixumup e Imageen foram juntos conversar com Pequena Árvore sobre o acontecido.

– "Estamos perdendo nosso amigo", chorou Pequena Árvore, "O que faremos sem ele"?

– "Você está certa", disse Imageen, "Vocês não conhecerão ou verão o Salgueiro Bondoso como agora. Ele está partindo numa jornada de mudança de forma. Os homens chamam isso de morrer. Mas em todos os anos que vocês conheceram o Salgueiro Bondoso, ele lhes deu presentes especiais".

– "Presentes"?, perguntaram Amanda e Pequena Árvore.

– "Sim. Presentes especiais chamados lembranças. Lembranças do seu repicar de cristais... lembranças de seus 'bom dia'... lembranças da diversão com o vento... lembranças das ocasiões especiais que vocês compartilharam. Virá o tempo em que todos cantaremos uma música especial para dizer adeus ao Salgueiro Bondoso, como o conhecemos hoje, e virá o tempo em que o reconheceremos de outra forma. Talvez seja no som do vento. Talvez na dança das borboletas. Eu não sei. Mas cada um irá reconhecê-lo de sua própria maneira".

Todas as manhãs Pequena Árvore olhava para o lago e balançava suas folhas, cantando para Salgueiro Bondoso. E todas as tardes Amanda o visitava para contar-lhes histórias.

Certo dia, ele começou a chorar e desabafou: – "Tenho medo dessa mudança. Quero ficar como estou. Quero continuar a ser uma árvore forte e vigorosa"!

Sem saber como ajudar o amigo, Amanda ficou quieta. Ela só ouviu e ficou por perto, enquanto ele chorava.

Uma das grandes borboletas amarelas voou por perto. Amanda aconchegou-se em seu tronco e começou uma história:

– "Há muito tempo atrás, quando Borboleta Amarela era pequena, ela era alguma coisa chamada lagarta. Ela era felpuda e comprida e rastejava pelo chão sobre pedras e flores. Após algum tempo, Borboleta Amarela sentiu algo mudando dentro dela. Mas não sabia que mudança era essa. Ela ficou cansada e foi repousar. Foi assim que ela veio para cá, Salgueiro Bondoso. Ela precisava de um galho para descansar. Borboleta começou a tecer um cobertor ao redor de si. Dentro do cobertor era muito escuro.

Borboleta Amarela sentiu todo seu corpo mudando de forma. Após um longo tempo, ela se sentiu pronta para sair do cobertor. Não queria mais ficar naquela escuridão.

Assim, usando toda a sua força, Borboleta Amarela forçou seu corpo para fora. E lá estava ela, não mais rastejando pelo chão... não mais uma lagarta felpuda. Pelo contrário, ela ganhara asas amarelas e sedosas. Seu corpo havia mudado. E, enquanto voava, encontrou outras borboletas exatamente iguais".

Ao terminar sua história, Amanda percebeu que o Salgueiro Bondoso havia parado de chorar. Parecia sorrir, compreendendo.

Vieram verões, outonos e invernos. Agora era primavera novamente, com todas as flores mostrando suas cores brilhantes. Pequena Árvore e Amanda olhavam pelo lago o lugar onde Salgueiro Bondoso tinha vivido.

– "Veja", disse Pequena Árvore. "As grandes borboletas amarelas voltaram para dançar".

– "Sim", disse Amanda. "Talvez, de alguma forma, elas ainda escutem o repicar de cristais do nosso amigo".

Ali permaneceram por longas horas, compartilhando os mais valiosos presentes: todas as lembranças de cada momento vivido com Salgueiro Bondoso.

Autora: Joyce C. Mills
Tradução: Paulo Mundim
Contribuição e adaptação: Cecília Caram
Caderno de Contos – Projeto Convivendo com Arte

Referências bibliográficas

ASSAGIOLI, R. *Psicossíntese: Manual de Princípios e Técnicas*. São Paulo, Cultrix, 1998.

_______________. *Ser Transpersonal*. Madri, Espanha, Gaia, 1993.

BECK, A. e FREEMAN, A. *Terapia Cognitiva dos Transtornos de Personalidade*. Rio Grande do Sul, Artes Médicas, 1993.

BECKER, E. *A negação da morte*. São Paulo, Record, 1973.

BROMBERG, M. H. *Vida e Morte: Laços de Existência*. São Paulo, Casa do Psicólogo, 1996.

CARLSON, R. e SHIELD, B. *Curar, Curar-se*. São Paulo, Cultrix, 1997.

CARVALHO, M. Margarida M. J. (coord.) *Introdução à Psico-Oncologia*. São Paulo, Editorial Psy, 1997.

_______________. *Psico-Oncologia no Brasil: resgatando o viver*. São Paulo, Summus, 1998.

DETHLEFSEN, T. e DAHLKE, R. *A Doença como Caminho*. São Paulo, Cultrix, 1997.

EPSTEIN, G. *Curar para a Imortalidade*. São Paulo, Editorial Psy, 1998.

EPSTEIN, G. *Imagens que Curam*. Rio de Janeiro, Xenon, 1990.

HENNEZEL, M. *Intimate Death*. Nova York, Vintage Books, 1998.

HENNEZEL, M. e LELOUP, J.Y. *A Arte de Morrer*. Rio de Janeiro, Vozes, 1999.

HOLLAND, J. C. *Handbook of Psychooncology*. Holland, J. C. & Rowland, J.H., Nova York, Oxford University Press, 1990.

JACOBSON, NILS O. *Vida sem Morte?* São Paulo, Círculo do Livro, 1976.

JUNG, C. G. *Memórias, Sonhos e Reflexões*. São Paulo, Nova Fronteira, 1978.

KOVACS, M. J. *Morte e Desenvolvimento Humano*. São Paulo, Casa do Psicólogo, 1992.

KÜBLER-ROSS, E. *Morte, Estágio Final da Evolução*. São Paulo, Record, 1975.

________________. *Sobre a Morte e o Morrer*. São Paulo, Martins Fontes, 1998.

LELOUP, J. Y. *O Espírito na Saúde*. Rio de Janeiro, Vozes, 1997.

________________. *Caminhos da Realização*. Rio de Janeiro, Vozes, 1998.

________________. *Cuidar do Ser*. Rio de Janeiro, Vozes, 1998.

LeSHAN, L. *O Câncer como Ponto de Mutação*. São Paulo, Summus Editorial, 1992.

MOODY JR., R. *Vida depois da Vida*. Rio de Janeiro, Nórdica, 1983.

PERES, M.J.M.P. *Semiologia em TRVPeres: Anamnese*. Apostila do Módulo II do Curso de Formação e Especialização em Terapia Regressiva Vivencial Peres (TRVPeres) – INPTVP. São Paulo, 2000.

SALDANHA, V. *A Psicoterapia Transpessoal*. São Paulo, Rosa dos Tempos, 1999.

SALDANHA, V. *Apostilas do Curso de Formação e Especialização em Psicologia Transpessoal*, Alubrat (Associação Luso-Brasileira de Transpessoal), São Paulo.

SIMONTON, O.C. *Com a Vida de Novo*. São Paulo, Summus, 1987.

_______________. e HENSON, R. *Cartas de um Sobrevivente*. São Paulo, Summus, 1990.

VAUGHAN, F. *Novas Dimensões da Cura Espiritual*. São Paulo, Cultrix, 1997.

VIORST, J. *Perdas Necessárias*. São Paulo, Melhoramentos, 1998.

WALSH, R. e VAUGHAN, F. *Além do Ego: dimensões transpessoais em psicologia*. São Paulo, Cultrix/Pensamento, 1997.

WEIL, P. *A Morte da Morte*. São Paulo, Gente, 1995.

_______________. *Fronteiras da Evolução e da Morte*, Rio de Janeiro, Vozes, 1977.

Impresso por :

Graphium
gráfica e editora

Tel.:11 2769-9056